日本語教師におくる
多読授業
実践のススメ

吉川 達

国書刊行会

はじめに

　多読を知る前、予備教育機関で働いていた私は、毎日追われるように精読やテスト対策の読解授業を行っていました。「読解教育＝精読」と思っており、学習者が試験で高得点を取るにはテストスキルを磨く対策授業もやむなしと考えていました。しかし、読解能力は一朝一夕で向上するわけではないので、学習者の能力が伸びているのかよくわからず、手応えもあまりありませんでした。このような状況に、学習者が力がついていることを実感できたり、何かを積み上げているという感覚が持てたりするような読解教育の方法はないだろうかと漠然と考えていました。また、「読解」ということばを聞くたびに暗い顔をする学習者を見て、自分は「読書嫌い製造マシン」になっていないだろうかと自問することもありました。

　そんなことを考えているときに出会ったのが、多読です。多読のことを調べていくうちに、自分の知っている読解教育とはまったく異なる発想に、目から鱗が落ちるようでした。

　自分で多読を実践してみようと思い、まず参考にしたのが『日本語教師のための多読授業入門』（粟野他, 2012）です。この本は、当時日本語教育における多読の唯一の専門書で、多読のルールや方法、指導のコツなど実践に役立つ情報が具体的に書かれていました。この本を監修したNPO法人日本語多読研究会（現・NPO多言語多読）は日本語教育における多読の先駆者で、多読のための読み物を作成し、日本語多読の環境を整えてくれました。私が多読を始められたのも、NPO多言語多読が日本語多読の基盤を作ったおかげです。

　『日本語教師のための多読入門』の出版から10年以上が経ちます。その間、私のような多読を日本語教育に取り入れる教師や多読を研究対象とする研究者は増え、多読の読み物も紙媒体だけでなくウェブサイトで公開されている電子媒体のものが充実するなど、日本語多読をとりまく環境は以前より進みました。しかし、多読が日本語教育で十分に理解され、読解教育の一つの選択肢として普及しているかと言えば、まだ道半ばです。多読を少し聞きかじった人からは「そんな方法で読解能力が伸びるわけがない」「ただ本を読ませるだけなら、授業でやる必要はない」というような意見が

聞かれます。否定的な意見の中には多読の限界を的確に指摘したものもありますが、多読への理解が不十分なことから来ているものも多くあります。

　多読は万能薬ではありませんが、精読やテスト対策の読解と異なる発想で、読む力をはじめとする日本語能力の向上を期待できる教育方法です。また、学習者を自律した読み手に育てたり、大人数のクラスで日本語レベルを問わず実践できたりするなど、これまでの日本語教育の枠組みにとらわれない大きな可能性を持ったものでもあります。

　本書は、多読の理念、効果、理論的な背景、実践方法などをできる限り具体的に記述しました。「導入・説明編」には、多読の背景にある理念や考え方、精読との違い、学習者が感じる多読の効果といった、多読を特徴づける点が書かれています。続く「理論編」では、インプット仮説や認知処理の自動化など、多読の理念や実践を支える理論的な背景を説明しています。「実践編」では、教育現場で多読を行う際の枠組み、方法、留意点などを細かく紹介し、最後の「Q&A・学習者の声編」では、多読においてよく出る疑問や質問を取り上げ、それについて回答し、さらに多読を実践した学習者の声を紹介しています。これらを通して、多読がどのようなものか具体的にイメージし、その特性を理解してもらえれば本書の役割は達成です。さらに効果と限界が理解されたうえでカリキュラムへの導入が検討されれば、筆者としては望外の喜びです。

　本書を執筆するにあたり、企画をご提案くださり貴重な機会を与えてくださった国書刊行会の佐藤純子さん、専門的な知見から数々の有益なご指摘をくださった横浜国立大学名誉教授の門倉正美先生にこの場を借りて心よりお礼申し上げます。

　本書によって、多読が日本語教育における読みの教育の一手段として広く理解され、一人でも多くの教師の実践に結びつくこと願っています。

2024年9月

吉川　達

目　次

はじめに

第1章　導入・説明編 ········· 7

1. 多読とは何か ········· 8
1-1 やさしい読み物を読む 9／1-2 内容を楽しむために読む 10

2. 自律的な読み手を育てるために ········· 11
2-1 読みが苦手な学習者 12
2-2 読みが苦手な人のサイクルからの脱却 14

3. 読むことで読む能力を養う ········· 15

4. 多読の捉え方 ········· 17

5. 多読と精読の対照 ········· 21

6. 教室で多読を行うことの意味 ········· 25
6-1 読む時間の確保 25／6-2 クラスのダイナミズム 27
6-3 多読の枠組みの提供 28

7. 多読の効果 ········· 29
7-1 読みの流暢さ 30／7-2 内容理解力 30
7-3 語彙力・文字認識 31／7-4 読書習慣や姿勢 32

第2章　理論編 ········· 35

1. インプット仮説 ········· 36

2. 認知処理の自動化 ········· 40

3. 語彙習得 ········· 44

4. 内発的動機づけ ········· 47

第3章　実践編 ········· 51

1. 日本語学習者のための段階別読み物 ········· 52
1-1 段階別読み物とは 53／1-2 段階別読み物のレベル分け 54
1-3 読み物の種類 57

2. 学習者に人気の読み物 ··· 58
　2-1 おもしろさの評価 60／2-2 オススメ度の評価 61

3. 段階別読み物と母語話者向けの読み物の橋渡し ········· 63

4. 絵本について ··· 65

5. 小・中・高校生向けの読み物 ······························· 68

6. 文学作品 ··· 70

7. ウェブサイトと無料の読み物 ······························· 72

8. 多読の読み物を作る ··· 76

9. 自分でやってみる ··· 78

10. 仲間を集める ··· 79

11. 読み物を揃える ··· 80

12. 本を備える、運ぶ ··· 84

13. 本の並べ方 ··· 88

14. 実践の方法 ··· 89
　14-1 正課の授業で行う場合（全員参加型）90
　　14-1-1 がっつり多読授業 90
　　14-1-2 10分間読書のように毎日少しずつ多読活動 95
　　14-1-3 たまに空いたスキマ時間に行うお試し多読 96
　　14-1-4 テスト対策としての短期集中型多読 97

　14-2 課外で行う場合 98
　　14-2-1 希望者や読解が苦手な学習者を募って補講として行う 98
　　14-2-2 家庭学習や宿題として多読を実践する 99
　　14-2-3 自習として行う 100

　14-3 本の提供だけをする場合 101
　14-4 教師の関与と自律的な読み手への成長 102

15. 読書記録 ··· 104

16. 多読用書籍のリスト ··· 111

17. 教師の役割 ··· 112

18. 評価 ·· 115
18-1 読んだことに対する評価 116
18-2 日本語能力向上に関する評価 118
18-2-1 内容理解力 119
18-2-2 読みの流暢さ 120
18-2-3 語彙力 120
18-3 その他 122
18-3-1 能力記述文による自己評価 122
18-3-2 ポートフォリオ評価 126

19. 実践紹介 ·· 130
19-1 実践例1：レベルごとにノルマを課した多読 130
19-2 実践例2：レベル縦断型大規模多読 134

第4章　Q&A・学習者の声 編 ································ 139
1. Q&A ·· 140
2. 学習者の声 ··· 147

参考文献一覧 ·· 156

第1章

導入・説明編

　多読の実践を目指すために、多読とはどのようなものか、その理念や方法、期待される効果を説明します。多読をよく知らない人、理解に不安がある人は、まずこの導入・説明編から読み始めてください。多読を十分理解していて、どのように実践するかを知りたい人は、実践編に進んでください。

　日本語教育に先行して英語教育では多読の実践や研究が進んでいます。英語多読の知見は日本語教育にも応用できるものなので、その知見を本書でも十分に利用していきます。

第1章　導入・説明編

1. 多読とは何か

　多読とは、読んで字のごとく「たくさん読むこと」です。日本語教育の文脈で言うと、たくさん日本語の読み物[*1]を読んで、読解能力を養いましょうということになります。考え方としては単純なのですが、簡単にはいきません。

　世界一高い山はエベレストで、8,848mあります。テレビで見ていたらその美しさに魅了されて、「自分も登ってみたい！」と思ったとします。しかし、登山経験がない人がいきなりエベレストに行っても、麓に降り立つだけで、何もできずに帰ってくることになるでしょう。エベレストは極端だとしても、登山の経験がない人が高い山に登ってみたいと思ったら、どのような行動を起こすでしょうか。それまであまり運動をしていなかったら、まずは近所を散歩することから始めるでしょうし、ある程度長時間歩けるようになったら次は登りやすそうな低い山に登ってみようと思うはずです。小さなステップから始めて少しずつ登る山の高さを上げていき、山登りの経験を積んだうえで、高い山に挑戦するのではないでしょうか。

　日本語学習者の読解も同じです。村上春樹の小説を原書で読みたいという目標があっても、学習者がいきなり日本語の小説を手に取るのは、無謀です。本を買って「よしっ、読むぞ！」と気持ちが昂ぶっても、実際に読み始めると1行目から辞書を使うことになり、3ページもすればそっと本を閉じることになります。

　高い目標があっても、段階を踏まなければその目標に到達できません。それどころか、読むのが嫌になってしまうこともあります。そうならないように、無理なく読める本をたくさん読んで、少しずつ読む力を養っていきます。それが多読です。

---

*1　読み物：本書では、読む素材を「読み物」「本」「書籍」と表現しています。多読で読む材料は冊子体のものとは限らないので「読み物」と表現することが多いですが、「本」と表現した場合は冊子体を指します。「本」と「書籍」は同義で使っています。

無理なくたくさん読むためには、いろいろと工夫をしなければなりません。まず、多読の全体像がつかめるように、たくさん読むために必要な多読の特徴的な点を二つ紹介します。一つは「やさしい読み物を読む」で、もう一つは「内容を楽しむために読む」です。

1-1　やさしい読み物を読む

　「日本語学習のために読む」と聞くと、ふつう、難しい文章を読んでわからない単語を辞書を使って調べたり、文法書を見たりして文章のすべてが理解できるように詳しく読むというイメージを持つと思います。それは、「精読」と呼ばれる読み方です。一方多読では、学習者が自分の日本語レベルよりもやさしい読み物を（基本的に）辞書を使わずに読みます。この「辞書を使わずに」というところがポイントで、辞書使用によって読みが中断させられないので、内容に集中して速く読めます。速く読めれば、同じ時間でも読める量は多くなります。

　自分の知らない単語がたくさん含まれている文章を読むときには、何度も辞書を使って単語を調べなければなりません。あまりに単語を調べる回数が多いと、読むために単語を調べているのか、単語を調べるために読んでいるのか、わからなくなってきます。また、辞書を使うときには、読んでいる内容から意識が一時的に離れることになります。辞書を使うのが1ページに一度や二度くらいなら、読んでいる内容を覚えているかもしれないのですが、回数が重なると、読みの中断が増えて内容に集中できなくなり、本の内容を楽しめなくなります。多読では、そうならないように辞書を使わないで読めるような、やさしい読み物を読みます。辞書を使わずに読めば、読みを中断されることなく内容に集中することができます。

　「難しい文章を読まないと、勉強にならない。やさしい読み物を読んでも、意味がない」と言う学生もいます。その考えを否定するわけではありません。ただ、多読は、これとはまったく違う発想に立つ読む力の育成方法なので、多読に取り組むときには、学習者も教師も発想を転換する必要があります。

第1章　導入・説明編

1-2　内容を楽しむために読む

　多読では、内容に集中して読みます。日本語の授業なので、教師は新しく学習した語彙や文法がたくさん含まれている読み物を読んでほしいと思いがちですが、多読ではそのような観点で読み物を読みません。あくまで学習者が興味をもつものや読みたいものを読みます。ふつう私たちが余暇に読書をするときには、内容を楽しめる本を選んで読んでいると思います。それと同じように多読では、学習のために読むという意識は一時的に脇に置いて、とにかく内容を楽しむために読みます。多読は、ふだん実際に行っている読みを教育的な目的で行うこと（Day & Bamford, 1998, p.5）で、その結果として読む力をはじめとした日本語力を養うのです。

　学習者が本の世界に入り込んで内容を楽しむためには、学習者の興味や関心に沿った読み物が必要です。読んでいるものがつまらなければ、学習者は読むことを苦痛に感じるかもしれないし、読むことをやめるかもしれません。反対に、おもしろい読み物であれば、どんどん先を読みたいと思うようになり、読みに集中していきます。読後の満足感も得られます。次はどんなおもしろい読み物があるのだろうと、期待もします。それが継続的な読みや読みの連鎖につながっていきます。人によっておもしろいと感じるものは違います。物語が好きな人もいれば、ノンフィクションに興味を持つ人もいます。学習者それぞれの興味に応えられるように、多読の実践では、多くの種類、ジャンルの本を揃えておきます。

　多読も日本語教育の一環です。教育なので、「教師が学習者の読むべき物を決めなければならない」と考える人もいるかもしれません。しかし、多読においては、何を読むかの決定権は学習者にあります。教師がアドバイスをすることはあっても、読む物を強制的に決めることはありません。それは、学習者の注意を読み物の内容に向かわせ、楽しみながら読みを進めるためです。

　自分の日本語レベルで読めるやさしい読み物を、辞書を使わないで読む。自分が興味を持って読みたいと思う読み物を、読む。そのような読み

物をたくさん読むことによって、結果的に日本語の能力を向上させようというのが、日本語教育での多読です。

　文法を教えたり、新しい語彙を覚えたり、難しい文章を精読したりするような、日本語教師がイメージするような学習と、多読は発想が異なります。多読を理解し実践するには、このことを強く意識する必要があります。

2. 自律的な読み手を育てるために

　授業で多読を行うときの最終的な目標は、学習者がよい読み手になること、そして読書習慣を身につけて自律的な読み手になることです。

　よい読み手とは、どのような人でしょうか。定義はいろいろあります。大学のようなアカデミックな場では、読んだ内容を批判的に捉えることなどもよい読み手の条件に入ります。本を読むと、内容に触発されていろいろなことを考えます。読んで何を考えるか、そこから肯定的にも否定的にもどのような気づきを得るかは、読むことを通して行う重要な思考活動です。自分の今までの経験や持っている知識と読んだことを結びつけ、新たな思考を展開できることもよい読み手の一要素と言えます。最終的には多読を通してそのような知的活動の能力を養ってほしいのですが、ここではそこまで応用的なことは要求せずに、まずは、内容を十分に理解しながら、長い文章でも読み通せて、少し速いスピードで（＝流暢に）読み物が読める学習者をよい読み手としておきます。

　文章の内容を十分に理解する力、長い文章を読み通せる力を持つことが読みの基礎的な力であり、高度な読みの前提となります。こうした読みの基礎的な力を習得し、そのうえで、読むスピードが今より向上し、さらに読書習慣が身について自主的に本を読むようになれば、教室での多読の目標は達成したと言ってもよいでしょう。

第 1 章 導入・説明編

> **よい読み手とは**

- 書かれている内容を十分に理解しながら読める
- ある程度長い読み物でも読み通せる
- 流暢に読める
  ＋
- 読む習慣が身についている

自律的な読み手

2-1　読みが苦手な学習者

　よい読み手ではない学習者、言い換えれば読むことが苦手な学習者は、どうして苦手意識を持つのでしょうか。Nuttall（1996）の以下の図が、それを説明しています（日本語訳は筆者が挿入）。

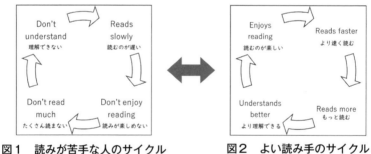

図1　読みが苦手な人のサイクル　　図2　よい読み手のサイクル
（Nuttall, 1996, p.127をもとに作成）

　左の**図1**を見てください。この図は読みが苦手な人が陥っているサイクルを示したものです。四つの事象があってどこから始めてもいいのですが、左上の「Don't understand（理解できない）」から始めて説明します。まず、読みが苦手な人は、読んだ内容をあまり理解できません。読んでいる内容が難しすぎて理解できていないかもしれないし、自分には読めないと最初から諦めているかもしれません。文章が理解できなければ、何度も読み直したり辞書でことばを調べたりします。その結果、読むスピードが遅くなります（Reads slowly（読むのが遅い））。もともと文字を追うのが苦

12

手な人もいます。読むスピードが遅くなると、読みを楽しめなくなります（Don't enjoy reading（読みが楽しめない））。何度も辞書を使いながら読むのがどれほど苦痛かは、外国語を学習したことがある人の多くが経験しているでしょう。読書を楽しむにはある程度テンポよく読んでいくことも必要です。読むのが楽しくないと、自主的に読まなくなります（Don't read much（たくさん読まない））。また、読むスピードが遅いので、結果的に読める本の量が少なくなることも考えられます。そして、ほとんど本を読まなくなると、読む力も向上しないので、次に本を読んでもあまり理解できない（Don't understand（理解できない））という悪いサイクルに陥ってしまいます。

　一方、よい読み手はどうでしょうか。図2を見てください。これも同じように左上の「Enjoys reading（読むのが楽しい）」から説明します。よい読み手は、本を読むことを楽しみます。読む習慣が身についていたり、過去に読んだ本が楽しかったりして、読書に対して肯定的に取り組むことができます。内容に集中して、どんどん読み進めていくので、読むスピードが速くなります（Reads faster（より速く読む））。読むことに慣れているということもあるし、わからないことばがあっても文脈から推測したり、わからない部分は読み飛ばしたりするなど読むストラテジー*2も身についているので、テンポよく読めます。読むスピードが速いと、1冊の本を読み終える時間も短く次の本に移れるので、たくさん読むことになります（Reads more（もっと読む））。読むことに対する動機づけも高く、1冊の本を読み終わってもそれで満足するわけではなく、また次の本を読み始めます。たくさん読むと、読むスキルが上がって、本の内容がよりよく理解できます（Understands better（より理解できる））。いろいろな本をたくさん読むことによって教養的知識が蓄えられ、その結果、次の本を読んだときに内容への理解が深まり、よりよく理解できるということも考えられます。そして、理解が深まれば、読むことがさらに楽しくなるのです（Enjoys reading（読むのが楽しい））。こうしたよい読み手のサイクルに入る

＊2　ストラテジー：ある目的を達成するために行う戦略のこと。

ことができれば、学習者は自律的な読み手へと成長していきます。

2-2 読みが苦手な人のサイクルからの脱却

では、どうすれば読みが苦手な人の悪いサイクルをよい読み手のサイクルに変えることができるでしょうか。その一つの方法が、多読です。多読を行うことで、このサイクルがどのように変わるか説明します。

学習者は、多読で自分の日本語レベルよりやさしい読み物を読みます。つまり「読みが苦手な人のサイクル」の「Don't understand（理解できない）」が解消されます。やさしい読み物を、辞書を使わずに読めば、読むスピードも自然と上がります（Reads faster（より速く読む））。ことばの問題にわずらわされることなくどんどん読み進められるので、本の内容に集中することができます。そうすると、内容を楽しむことができるようになって読むことが楽しくなり（Enjoys reading（読むのが楽しい））、読み終わった後も、また次の本を読もうと動機づけが高まります（Reads more（もっと読む））。そうしてたくさん読むことによって、内容の理解力が高まって読む力が向上し、次に読む本の理解力が高まることになります（Understands better（より理解できる））。

図3　よい読み手への転換

このように、多読でやさしい読み物をたくさん読めば、読むことが苦手な学習者がそのサイクルを脱して、よい読み手に変わっていく可能性が生まれます。

3. 読むことで読む能力を養う

　学習者には、もともと読書が好きな人もいれば、嫌いな人もいます。また、日本語能力試験のN1に合格しているような、すでに日本語能力が高くテストの読解では高得点が取れるような人もいます。そのような学習者に対して多読はどのような意味を持つでしょうか。

　母語で読書習慣が身についている学習者は、もともとよい読み手である可能性が高いです。その素地を活かして、日本語でもどんどん読んでいければよいでしょう。ただし、読書好きとは言っても外国語での読書に慣れているわけではないので、最初から母語話者向けの読み物を読むことはできません。学習者向けに書かれた、自分の日本語レベルよりやさしい読み物を読むことから始めます。自分の日本語レベルで読める読み物があれば多読はどんどん進むし、読書好きの学習者にとって多読の授業は天国のような時間になります。

　日本語能力が高い学習者であっても、読解が得意とは限りません。母語でもほとんど本を読む習慣がなく、授業やテストのためだけに文章を読むという学習者も多くいます。そのような学習者は、まず本を1冊読み切る経験をして自信をつけ、本を読む楽しさを知ることが大切です。

　本を読むことに興味があって、過去に日本語の本を読もうとしたけれど挫折したという学習者もたくさんいるはずです。それは、読む本の日本語が難しすぎたのです。せっかくのやる気が失われてはもったいないので、自分の日本語レベルで読めるやさしい本を読んで、そのやる気を活かすべきです。

　それ以外の、本を読むことが好きでも嫌いでもない人たちには、日本語

15

第1章　導入・説明編

で本を読んでいる自分の姿を想像してもらってください。日本語の本を読むなんて想像もしなかった人が、「私は今、確かに日本語の本を読んでいる」ということを強く意識し、その姿を客観的に捉えることで自己肯定感が高まり、それが動機づけにつながるはずです。

　母語での読書経験や習慣、自分の日本語能力、読むことが好きかどうかで多読に向かう姿勢は変わります。どのような学習者であっても多読を通してよい読み手になってほしいですし、なれる可能性があります。

　ここで、多読の特徴を端的に表したことばを紹介します。

Learning to read by reading.（Smith, 2004）
「読むことで読むことを学ぶ」

　多くの多読の専門書で紹介されていることばですが、多読の特徴をよく表しています。読むことによって読むことを学び、読む力を伸ばす。当たり前のことなのですが、日本語教育の現場では思いのほかそれがなされていません。日本語の授業で単語や文法を学習することは大切ですが、それだけを積み上げても、「文法・語彙力＝読む力」にはなりません。なぜなら、読むことは非常に複雑な認知的行為だからです。語彙や文法、漢字の知識はもちろんのこと、文字を認識する認知能力、統語的に解析する能力、先を予想する推測力、内容に関する背景知識、集中力、作動記憶をはじめとした記憶力など、さまざまな要素が複雑に関係し合って読む力を構成しています。そのため読解教育には、これをやったからすぐに読めるようになるという特効薬はありません。そのような特効薬があれば、すでに実践されています。テスト対策のスキルによって一時的に読解能力が上がったように見えることもありますが、読みの地力がついているわけではありません。

　読む力は、さまざまな要素が複雑に関係し合った包括的な能力です。その力を養うにはたくさん読むことが大切だということは、直感的に賛成できるのではないでしょうか。たくさん読むことによって読むことを学び、読む力を伸ばす。これが、多読を支える基本的な考え方です。そしてたく

さん読むことで、よい読み手を育てる。それが日本語教育で多読を行う目的です。

4. 多読の捉え方

　ここまでで、ぼんやりとでも多読のイメージが作れたでしょうか。そのイメージをもう少し明確にするため、多読の研究者や実践者が多読をどのように捉えているか、その定義をいくつかご紹介します。

Day & Bamford（1998, 原著p.Xiii）*3
「多読は学習者が言語能力の範囲内にある本やその他の読み物を大量に読む、第二言語教育の読解における一つのアプローチである」（筆者訳）

Nation & Waring（2020, 原著p.4, 訳本p.5）*4
「多読とは学習者が自分にとって適切なレベルの読み物をたくさん、1人で声を出さずに読むことである」

NPO多言語多読（https://tadoku.org/l-about）
「多読とは、やさしい絵本から辞書を使わずに楽しくたくさん読んで外国語を身につけていく方法」

＊3　Day & Bamford（1998）*Extensive Reading in the Second Language Classroom.* には、日本語翻訳本（桝井幹生監訳・荒牧和子ほか訳（2006）『多読で学ぶ英語　楽しいリーディングへの招待』）があります。本書で引用する際には、著者名と出版年数は原著の情報を記載します。引用した内容（日本語での記述）に「筆者訳」という記載がある場合は原著を筆者（吉川）が訳したもので、記載がないものは翻訳本から引用したものです。筆者訳を用いるのは、本書の文脈の中で翻訳本の内容が伝わりにくい場合です。ページ数は原著と翻訳本の両方のページ数を記載します。

＊4　＊3と同様に、Nation, I.S.P. and Waring, R. (2020). *Teaching Extensive Reading in Another Language.* には、日本語翻訳本（Mitsue Tabata-Sandom監訳・坂野永理ほか訳（2023）『言語教育における多読』）があります。＊3と同様に扱います。

これらの三つの定義にはいくつかの違いはありますが、学習者がその時点での言語能力で読めるやさしい読み物を読むこと、それを大量に読むことは共通しています。また、それは一人で声を出さずに行う個人の作業であり（Nation & Waring, 2020）、楽しむために読みます（NPO多言語多読）。さらに多読は読みの力を養う教育的アプローチでもあるのです（Day & Bamford, 1998）。

これらをまとめる形で吉川（2023）は、日本語教育における多読を「理解可能な読み物を多量に読むことによって結果的に読解能力をはじめとする言語能力を向上させる教育アプローチ」としています。多読は学習者が自分で読み物を読む活動ですが、日本語教育で教育的アプローチとして捉えるならば、言語の習得に効果が出るようにカリキュラムや授業として構成し、責任を持って実施することが期待されます。

多読の定義に加え、Day & Bamford（1998）は、多読を実践する際の指針となる10のポイントを紹介しています。Nation & Waring（2020）は、このリストは非常に有益である一方、多読を実践する際にはこの指針を守らなければならないという印象を教師に与え、その結果多読の実践を躊躇させている側面があると指摘しています。その面は確かにあると思いますが、初めて多読を知る人にとっては多読を理解するうえで参考になるものなので、ここで紹介します。

Day & Bamfordの多読の10のポイント

1．たくさん読む。
   （教室の中でも、教室の外でも）
2．幅広い話題の本が準備されている。
   （学習者の異なる読み方や読む理由に応えて、読む動機が高まるように）
3．自分で読みたい本を選んで読む。
   （興味のないものは途中でやめる自由もある）
4．楽しみや情報収集、教養のために読む。
   （読む目的は、読み物の特性や学習者の関心によって決まる）

5. 読むこと自体が報酬。

   (読後の問いはない。もしくはほとんどない)

6. 学習者の語彙・文法能力の範囲内に収まっているものを読む。

   (辞書はできるだけ使わない)

7. 一人で静かに自分のペースで読む。

   (教室外の場合は、いつどこで行うか自分で決める)

8. 読むスピードは少し速い。

   (理解しやすい読み物を読むことで速く読める)

9. 教師は学習者にプログラムの目標や多読の方法を説明し、学習者が読んだものを把握して、最大限の成果が得られるよう指導する。

10. 教師が読み手の見本となる。

   (教師もリーディングコミュニティに参加する一人の読み手となって学習者に見本を示す)

(Day & Bamford, 1998, 原著pp.7-8, 筆者訳)

　本書はこの10のポイントを比較的厳密に採用する立場に立ったうえで話を進めますが、実践者によって多読をどこまで厳密に規定し、どのように取り入れるかはさまざまです。

　Nation & Waring（2020）は多読の枠組みを「大きなテント」に例え、「学習者が速く、流暢に、しっかり理解しながら読んでさえいれば、すべての異なる多読指導のやり方を受け入れることができる」（訳本p.253）と多読を柔軟に捉え、現場に即した形で多読を取り入れることを想定して多読のポイントをまとめています。Nation & Waringは、それは多読を行うための「原則」ではなく、多読を成功させるための「ヒント」であるとしています。

> ### Nation & Waringの多読プログラムを成功へ導くヒント

- 多読クラスの要は、学生が辞書に頼らず理解できる読み物を黙読で流暢に読むことである。
- 学習者が流暢に読めるレベルの本を自分で選ぶのが一般的だが、教師

第 1 章　導入・説明編

が選ぶ手伝いをしてもよい。

- 学習者が数多くの文章を黙読して、繰り返し語彙に触れて語彙が定着することが重要で、そうすることにより、文法や単語やフレーズがまとまりとしてどのように使われているか感覚的に理解できるようになる。

- 読んだ後にほかのスキルを使ったり、知識を深めたりする活動をすることで、多読をカリキュラムの中に組み込む。

- 読み物には、フィクションとノンフィクションの両方が必要で、さまざまなジャンル、レベル、トピックの読み物があること。同時に、読み物は、目的がはっきりしていて、興味深く、もっと読みたいと思わせるようなもの、学生を認知的に刺激するようなものにする。

- 学習者、教師、学校に（親にも）評価されるように多読プログラムを運営する。

- 多読の一部を授業内で行うことにより、多読が重要であることを学習者に示すとともに、教師が学習者の読みを観察し、サポートする。

- 適切な本を選ぶために、教師と学習者は自分たちの多読図書を熟知することが望ましい。

- 学習者の多読実践を何らかの方法でモニターすることにより、学習者も教師も上達を可視化することができる。

- 読書量や多読プログラム自体のゴールを設定する。

（Nation & Waring, 2020, 原著p.174, 訳本p.254）

　Day & Bamford（1998）のポイントもNation & Waring（2020）のヒントもどちらも重要なもので、多読を実践する際には大変参考になります。これらを基に多読を十分に理解したうえで、多読をどのように捉えどのように授業に取り入れていくかは、教師の裁量となります。

　ここで多読の特質を簡単にまとめます。多読は、（1）学習者が自分の日本語レベルで無理なく読める、（2）自分の興味のある本を、（3）自分で選んで、（4）大量に読む、ことです。（1）と（4）は、日本語による大量の

インプットを得るための必須条件で、(2) は読む活動に意味を持たせることです。さらに (3) は学習者の主体性につながり、動機づけにも関係する重要な要素です。

5. 多読と精読の対照

　日本語教育の現場では、精読が読解教育の中心としてカリキュラムの中で大きな割合を占めていることが一般的です。そこで、ここでは精読と多読を比較することで、多読の特徴をより明確にします。

　精読と多読の違いをまとめると、以下の表のようになります。

表1　精読と多読の比較

	精読	多読
活動の主体	教師	学習者
教師の役割	素材選び／解説	学習者の読書状況の把握／助言
読み物	教師指定／全員が同一／抜粋	個人が好きなもの／一冊丸ごと
読後の問い	あり	基本的になし
読む目的	語彙や文法などの学習のため／質問に答えるため	楽しみや興味、教養のため
読み方	制限あり	自由
評価の方法	質問に正しく答えられるか	ない／定まっていない
重視する側面	言語	内容
読む速さ	遅い	やや速い
読む量	少ない／課題で出された分	多い／好きなだけ

（Day & Bamford, 1998, 原著p.123, 訳本p.155を参考に作成）

　まず「活動の主体」ですが、精読においては授業で何を読むか、読んだ後にどのような質問をするか、文章中のどの部分を解説するかなどを教師

が決め、授業を進めます。実際に文章を読むのは学習者ですが、授業で取り上げる文章を読みたくなくても、学習者はそれを読まなければ授業に参加できません。他の読み物を読む自由はないことになります。精読では授業をコントロールしているのは教師で、活動の主体は教師となります。一方多読では、学習者自身が何を読むのか、どのように読むのか、どれくらい読むのかを決めることができます。教師から勧められることはあっても、読む物を指定されることはないので、活動に関するほとんどの決定権を学習者が持ちます。そのため、多読では、活動の主体は学習者だと言えます。

　次に「教師の役割」ですが、先にも述べたように教師は精読の授業で読む物を選びます。教科書を使って授業を進めることが多く、どのようなものを読むのかは教科書の内容によって決まりますが、どのような教科書を使うのかを決めるのは教師です。また、教師は精読の授業中、文中に使われている単語や文法を解説したり、指示詞が指す内容を確認したりします。読んだ内容に関する背景や関連情報を説明することもあるでしょう。一方多読においては教師の役割が見えにくいと言われることがあります。なぜなら多読では、学習者がそれぞれ静かに読み物を読むので、教師の発言は極端に少なくなり、授業を運営しているという感覚が持ちにくいからです。教師の役割については、後の「実践編」のところで詳しく述べるので、ここでは教師は、学習者が読んでいる間にどのようなものを読んでいるか、読みが滞っていないかを観察し、適宜アドバイスする役割を担うと述べるにとどめておきます。

　「読み物」については、精読では教師が読み物を指定するため、学習者全員が教師に指定された同じものを読みます。また、精読の授業の場合、授業中に扱える文章の分量が限られているので、本の一部を引用したものが使われることが多く、本を１冊丸ごと読むことはまれです。一方多読では、学習者が自分で選んだ本を１冊丸ごと読みます。多読のために作られた本は、母語話者向けの小説などに比べてきわめて薄いですが、最初からその分量を想定して作られているので、本の一部を抜粋した文章のようなブツ切れの感じはなく、完結しています。また、薄くとも日本語で本を一

冊読み切ることは、学習者に大きな達成感を与えます。さらに学習者は、読む本を自分で選びます。この自分で選べるという点がポイントで、読む本を選ぶ自由があるからこそ、それに対して責任が生まれます。教師に読ませられるのではなく、自らの責任でその本を読むことになり、それは読みにおける主体性を育てるきっかけともなります。もちろん、途中で読むことをやめて他の本を読む権利もあります。

　続いて「読後の問い」と「読む目的」ですが、精読では多くの場合、文章の後に内容に関する質問があります。質問を無視して本文だけを読むということはなく、読んだ後には質問に答えることになります。精読を行う目的は、文章を読むことを通して単語や文法の用法を学習したり、指示詞が示す内容を確認したり、読後の問いに答えたりしながら、正確に文章の内容を理解することですが、内容質問の問題があると、読解テストのときと同様に、それに答えるために文章を読むという側面が生まれます。これは次の「読み方」にも関係します。多読は、基本的に読後の問いはありません。問いに答えることが課された場合、それがプレッシャーになって、読むことを楽しむという多読の目的が達成されなくなる恐れがあります。多読における読む目的は（表面的には）学習ではなく、あくまで内容を楽しむことにあるので、問いは基本的に課しません。ただ、本当に読み通したかどうか確認したり、内容の理解度を確かめたり、学習者が達成感を得られるように問いを課す場合があります。その際も、精読で行うような複雑で難しい問いではなく、読んでいれば誰でも答えられるような、簡単な問いにとどめることが基本です。

　「読み方」については、精読は制限があるのに対して、多読は自由です。どういうことかと言うと、先に触れたように、精読では内容確認や文法、語彙などに関する問いがあるため、それに答えるために読むことになります。つまり、どのように読むかは、問いに制限されるのです。例えば、「この文章で述べられている筆者の主張は何ですか」という問いがあれば、学習者は筆者の主張が何かを探しながら文章を読みます。反対にそれ以外の読み方、例えば内容について自分の経験と照らし合わせるというようなことは、問いになければ行う必要がありません。その文章に付随する問い

23

や課題が何かによって、その文章をどう読むかが決まってしまうということです。このようなことから、その文章が読めたかどうかは、質問に正しく答えられたかどうかで評価されます。多読においては、読み方も自由です。その文章を読んで、ただ楽しむだけでもよいし、批判的に読んでも構いません。極端な場合、正確に読めていなくても構わないのです。そもそも読後の問いが課されないので、内容が正確に読めたかどうかもわからないし、理由がない限り確認もしません。私たちが趣味として小説を読むことに、内容が理解できているか問われたり、評価されたりすることがないように、多読においても読んだことに対して問いがなく、評価もされません。

　このように、精読は文章中に使われている語彙や文法などに注目し、それが理解できているか、内容の理解が正確かを確かめながら行うものなので、「重視する側面」は、言語です。明示的に言語を学習すると言い換えてもよいでしょう*5。一方多読は、読み物の中の言語の側面に注目することはなく、内容に集中します。「重視する側面」は、読み物の内容です。しかし、読み物の内容に重きを置きながらも「結果的に言語能力を育成する（吉川, 2023）」ものなので、言語教育という枠組みからは外れません。

　最後に「読む速さ」と「読む量」です。精読では、語彙や文法、表現などの細かい部分に注意を向けながら読むので、自然と読む速さは遅くなります。授業では一つの文章を詳しく説明しながら読むので、1授業時間に取り上げる文章は一つ、ということはよくあります。例えば、精読の授業でその場で読み物を読んで、質問に答え、解説を聞くという場合、実際に文章を読んでいる時間は10分〜20分ぐらいでしょう。また、読解の教科書を開いてみると、文章の分量は1ページから1ページ半ぐらい、およそ1,000字から1,500字くらいのものが多く使われています。日本留学試験の読解分野の長文問題も1,200字程度です。1授業時間が50分、取り上げる文章が1,500字程度だとしたら、1,500字を50分かけて読んでいることにな

＊5　単語の暗記や「て形」の学習のように、特定の言語項目や規則に焦点を当てて学習することを明示的学習と言います。一方、多読のように、意図的に何かを学習するのではなく、ある活動を繰り返し行うことが単語や文法規則などの習得につながると考える学習を暗示的学習、もしくは付随的学習と言います。

ります。それに比べて多読は、読む量が圧倒的に多いです。筆者が行った調査の中で、多読記録をもとに学習者が1時間にどの程度の文字数を読んでいるのか、算出しました。読む速さには個人差がありますが、平均すると、初級の学習者でも1時間（60分）に少なくとも3,000字程度、中級だと8,000字、上級だと10,000字以上読んでいることがわかりました。精読では読む時間以外に問題を解く時間や解説の時間があるので単純に比較はできませんが、多読では精読で読む量の数倍の量を読んでいることがわかります。また、多読では意識的に少し速く読むことが推奨されています。これは、たくさん本を読むためでもありますが、流暢さを意識してテンポよく読んだり、わからないことばに出会ってもそれに気を取られずにその部分を無視して読むことが勧められたりするためです。ただ、読みの速さを意図的に訓練しようとするならば、多読とは別の速読のトレーニングが必要です。多読では、あくまで学習者が普段読むスピードよりも、少し速く読むことを意識すればよいのです。

6. 教室で多読を行うことの意味

　多読は一人で静かに本を読むことが中心となる活動です。授業で趣味の読書を行うことがあまりないように、多読を教室で行うことにどのような意味があるのか、授業ではなくて学習者が自分で実践すればよいのではないかという疑問が生まれます。ここでは、多読を授業で行う意味を説明します。

6-1　読む時間の確保

　普段みなさんは、どの程度読書に時間を使っているでしょうか。本は好きなのに、最近読めていないという人も多いと思います。「タイム・パフォーマンス（タイパ）」が叫ばれる現代で読書に充てる時間を確保する

第1章　導入・説明編

のは、なかなか難しいのではないでしょうか。では、何が読書を邪魔するのでしょう。その代表格がスマホです。

　電車やバスを待つ時間や授業の合間など少し時間が空くと、多くの人がスマホを見ています。現代では空いた時間をスマホで埋めることにとどまらず、スマホを使用する時間が私たちの余暇や生活の時間をどんどん侵食しています。それと反比例するように、本を読む時間は、少なくなっています。全国大学生活協同組合連合会（2024）によると、一日の読書時間が０分と回答した大学生は全体のおよそ半数で、その傾向は近年ほとんど変わっていません。空いた時間はスマホに取られ、必要な時間もスマホに侵食される。そのような生活で読書にまとまった時間を割けるのは、よほど読書が好きな人だけなのではないでしょうか。

　多読を授業で行う大きな理由の一つは、学習者が本を読む時間を強制的に確保できるからです。授業であれば、スマホの使用を禁止して、読みに集中させることができます。多読では、学習者は自分の日本語レベルよりもやさしい読み物を読むので、わからない単語をスマホの辞書で調べる必要がありません。何ものにも邪魔されずに、読むことに没頭できるのです。言い換えるとスマホの使用を制限して、読むことに集中できる環境を作り、どっしりと腰を据えて読書に取り組む状況を作ることは、授業以外ではできないのではないでしょうか。

　「単語の意味を調べるときぐらい、スマホを使ってもいいんじゃないの？」と思われるかもしれません。筆者も以前はその程度の使用を許可していました。しかし、学習者をよく観察してみると、一度スマホを開くと単語を調べることだけで終われない人が多いことに気がつきます。想像してみてください。単語を調べようと思ってスマホを開いたら、SNSにメッセージが入っていました。「誰からだろう。急な用事ではないだろうか」そんな気持ちが一瞬でも頭をよぎるはずです。それを無視してスマホを閉じることができますか。確認だけしようとSNSを開いたが最後、ちょっと返信、ついでにメールも確認、単語を調べたついでにサイトもチェック。あれよあれよという間にスマホ連鎖に陥ってしまいます。

　そうならないように、多読を行うときだけはスマホを一切触らずに、腹

をくくって読書に集中します。以前、多読の授業を受講した大学院生が多読授業の感想に「普段は実験が忙しくて本を読む時間がない。多読の授業で本が読めるのでありがたい」と書いていました。1日や2日なら、読書のためにどうにか時間を作ることができるかもしれません。それを1か月や半年続けるとなると、容易なことではありません。授業で読書の時間を確保しなければならないほど、現代人の時間はスマホやその他のことに奪われています。

6-2 クラスのダイナミズム

後ほど実践紹介のところでも取り上げますが、筆者は一度に50名以上の学習者を対象に授業で多読を行ったことがあります。その中には普段から読書習慣がある学習者も、まったく本を読まない学習者もいました。

図書館や大規模試験の試験会場を想像するとイメージしやすいのですが、大勢の人が一つの場所にいるにもかかわらず、それらの人たちが集中して何かに取り組んでいるときに生み出す静寂は、独特の雰囲気があります。同じように、授業で多読を行うと、学習者が読み始めたとたん、教室が静まり返ります。普段本を読まない学習者も、その雰囲気にのまれて本と向き合わざるをえなくなります。静寂が生み出すダイナミズムです。私はそれを「静寂の場の力学」と呼んでいます。もちろん途中で集中力が切れることはありますが、授業で定期的に多読を行うことで読書が苦手な学習者も徐々に読書に向き合う姿勢が形成されていきます。50名の学習者から生み出される静寂の場の力学は、なかなかのものでした。

また、多読では、読後に学習者同士が読んだ本についてブックトークを行うことがあります。ブックトークの活動も、授業で多読をするからこそ行えることです。ほかの学習者が読んだ本の内容やその本のおもしろかったところを共有することで、自分がまだ知らない本についての興味が高まり、次に読んでみようという動機づけになります。

授業でなくてもSNSでそのようなコミュニティを見つけて、読んだ本について語り合うことはできます。しかしそれを自主的にできるのは、一部

第1章　導入・説明編

の読書好きに限られます。授業でブックトークを行う場合は、その授業を受けた学習者全員が参加します。読んだことについてどのように考えるか共有することで、その学習者の普段の姿からは見えない一面が見られることもあります。

　このような活動を行えるのも、教室で多読を行うことの一つの利点です。

6-3　多読の枠組みの提供

　何度も繰り返しますが、多読で学習者は、自分の日本語レベルよりもやさしい読み物を読みます。何の知識もない学習者が街の書店に行って、膨大な量の本の中からそのような本を探すことは、ほぼ不可能です。そもそも一般の書店に日本語学習者向けの読み物が売られていること自体がまれですし、日本語能力が高い読書好きの学習者であっても、最初から母語話者向けの読み物を読むのはハードルが高く、失敗する可能性が高いです。

　学習者が「何を読んだらいいかわからない」と途方に暮れないように、その学習者が読めるレベルの本を提供し、途中で挫折することなくよい読み手に成長していくように教師がサポートできるのが、授業です。

　多読を行うときには、通常日本語のレベル別に書かれた読み物群を使います。それによって学習者は自分の日本語能力よりもやさしい読み物を読むことができるのですが、さまざまなジャンル、レベルの読み物を大量に準備する必要があるため、それを学習者が自ら購入することは、ふつう不可能です。

　読み物一つとってみても、学習者が一人で準備することは難しいことがわかります。仮に読み物が揃っていたとしても、外国語である日本語で読むことを続けるのは根気がいることです。多読の意義と効果、方法を説明し、多読が行える環境を整え、学習者が読みを続けられるように励まし動機づけを与えるのが、授業で多読を行うことの第一の意味と言えます。

7. 多読の効果

　多読を行うことで、どのような効果が期待できるのでしょうか。たくさん読むので、文章の内容理解力が向上するのではないかということは想像できます。そのほかの多読の効果としては、語彙力の向上や読みの流暢さのような読みに直接的に関わる能力をはじめ、文法力や作文力、聴解力、スピーキング力といった言語能力全般に効果が及ぶことが、英語多読における研究では紹介されています（クラッシェン, 1996, Day & Bamford, 1998, Nation & Waring, 2020, 門田ほか, 2021）。

　また、多読は内容を楽しむために読みますが、学習者は自分の日本語レベルよりもやさしい読み物を読むので、読むことに対するプレッシャーが小さく、読むことに対する肯定的な意識を醸成したり、動機づけを高めたりする効果も期待されます（二宮・川上, 2012, 二宮, 2013, 2014, Tabata-Sandom, 2015など）。

　実際に多読を行った学習者は、これらの効果を実感しているのでしょうか。ここでは、筆者が行った多読実践に参加した、のべ236名の学習者から集めた多読の感想を引用して、多読の効果を学習者がどのように感じているのか紹介します。学習者の主観ですが、そのような効果を学習者が実感し、認識しているということは、多読を行う際の動機づけを高めます。なお、紹介する学習者の感想は、多読の授業の最後に集めたもので、授業の成績とはまったく関係しないことを断ったうえで記述してもらいました。基本的には学習者の記述をそのまま紹介しますが、一部意味が通じにくいところは筆者が修正しています。また、感想は日本語か英語で書かれていますが、英語で記述された感想は筆者が日本語に訳し「英文」と付して掲載します。（　）内は、学習者の出身国・地域です。

　多読の効果に関する理論的な説明は、「理論編」にあるので、理論的な枠組みから多読の効果を知りたい方はそちらをご覧ください。

第1章　導入・説明編

7-1　読みの流暢さ

【学習者の声】

- 読むスピードが昔より少し速くなった気がします。（台湾１）
- 読むスピードが上がって、日本語能力試験でも今までは時間が足りなかったけれど、今回は初めて全部解けて、見直す時間まであった。（台湾２）
- 簡単な本からゆっくり読んでいくと、読む速度と理解する速度が速くなった。（韓国）
- 私は日本語レベルが初級ですが、このクラスは役に立ちました。読むのが速くなったし、たとえことばの意味がわからなかったとしても、少なくともひらがなやカタカナ、漢字の文字を認識するのが速くなりました。（英文・エジプト）

　読みの流暢さは、多くの学習者が実感する効果です。たくさん読むことにより、日本語の文章に慣れ、読みが流暢になっていきます。それは文や文章レベルの読みが流暢になることだけでなく、エジプトの学習者が記述しているように、文字認識の段階でも起こります。その結果、文レベルでも読みが流暢になっていくのだと推測されます。

　自分の読みが流暢になったと最も実感しやすいのは、日本語能力試験のような大規模試験を受験したときです。台湾２の学習者のように読解分野でそれまでは時間が足りなかったけれど、多読をしてから時間が足りるようになったという感想を聞くことがあります。日本語能力試験や日本留学試験を受験する学習者は多く、そのような試験で効果が実感できれば、多読に対する動機づけは一層高まります。

7-2　内容理解力

【学習者の声】

- このクラスを受けて、自分の読解能力や理解力が向上したと気がつき

ました。（英文・リトアニア）

- この４か月を通じて、自分の本を読む能力が上がると思う。本を読むとき、辞書とか使わないで、本当に言葉に対する理解力の引き上げに役立つと思います。（台湾１）
- 前学期にもこの授業のおかげで読解の能力が伸びた。私は前より日本語の本を読めます。（タイ）
- このクラスでたくさん文章を読んで、頭の中で日本語の文法を構築することができました。また、長い文や複雑な文を読むことに慣れて、長い段落であっても意味がつかめるようになりました。（英文・台湾２）
- 学生向けの本はそんなに難しくないので、どんどん理解できるようになります。（台湾３）

　「辞書を使わずに読む」と聞くと、内容が理解できるか不安に思う学習者がいます。しかし、実際に辞書なしで読んでいくとそれに慣れていき、読書本来の楽しみが味わえるようになってきます。読む力というのは向上した実感が持ちにくく、多読をしただけではどれほど内容理解力が上がったかということは、明確にはわかりません。しかし、やさしい本であっても１冊の本を読み通せて、読んだ本の数が増えていけば、「自分でも本が読めるんだ」、「読む力があるんだ」という自信になります。また多読では内容を楽しむことに重きを置くので、本の中の世界に入り込むことが内容理解力が向上したという感覚と結びつくのかもしれません。

7-3　語彙力・文字認識

【学習者の声】

- 以前に私は小説を読みながら、辞書を使っていた。しかし、外国人の私にとって多くの言葉を知らなかった。その状況は苦しいと感じていた。実は辞書で知った単語ははやく忘れてしまった。多読は読書の楽しみがあるだけでなく、単語を覚える効果も強いと思う。（台湾１）
- 最初、辞書を引かないとちょっと気になったが、段々引かなくても、

第 1 章　導入・説明編

その言葉の意味を何となくわかるようになった。読んでいるうちに、たくさん言葉の使い方も自然に頭に入った。（台湾2）

• まだわからないことばとよめないかんじがあってもないようのいみをりかいできるになるのはまるでこのじゅぎょうをうけたおかげです。（ミャンマー）

• 私にとっては漢字や単語の知識が増えると思います。（マレーシア）

• 多読は文法や単語を純粋に文脈から学べるので、私にとって多読のやり方は本当に役に立つと思います。（英文・フィンランド）

　いろいろな読み物を読み、さまざまな文脈でことばに出会うことによって、語彙知識が増えていきます。それと同時に、ミャンマーの学習者の記述にあるように、たとえわからない語があっても、文章全体の意味理解を途切れさせることなく、その語を推測したり、読み飛ばしたりすることができるようになるのも多読の一つの効果です。

　台湾1の学習者が、辞書で調べた単語は早く忘れてしまうが、多読では単語を覚える効果が強い（高い）と述べています。これは、単語の推測によって記憶が強化されたり、前後の流れのある文脈の中で単語が使われることで、その文脈とともに単語が記憶されたりしていることが推測されます。また、台湾2の学習者が、読んでいるうちにことばの使い方が自然に頭に入ってきたと記述していますが、多読の特徴で述べた「結果的に言語の能力が向上する（吉川, 2023)」ことを表す例と言えます。さらに、フィンランドの学習者が書いているように、文脈の中で単語や文法に触れてその使い方がわかるというのは、単語の生きた用法を学ぶことであり、内容に重点を置きながら読み物を読むことの大きな利点です。

7-4　読書習慣や姿勢

【学習者の声】

• 達成感が感じられました。（韓国）

• まえは本をよむのをにげたかったけど、いまはたどくじゅぎょうのお

かげで本をよむのはたのしくなりました。じかんがあるときもないときもできるだけ本をよみつづけてじしんもあるようになりました。（ミャンマー）

- このクラスに参加する前は何から始めていいかわからなかったので、日本語の本を読みませんでした。しかし、このクラスでいろいろな本を知ることができ、自分の日本語レベルに合った本が探せるようになったので、クラス外でも読むようになりました。（英文・フィンランド）
- 元々、私は本を読むことにあまり興味がありませんでした。でも、この授業でたくさん本を読んで、意外に楽しいということに気がつきました。（カンボジア）
- 先学期からずっと多読していました。最初は簡単な本しか読めないんですが、いま短編小説を読めるようになりました。授業以外の時間にもたまに新聞またはインターネットのニュースを読みます。本を読む楽しみはわかりました。（台湾）

　読むことに対する苦手意識をなくし、読むことに肯定的な態度を生み出すことは、自律的な読み手となるために重要なことです。カンボジアの学習者のように、もともと読むことが好きでなかったり、読む習慣がない学習者にとって、他の言語で本を読むということは大変ハードルが高いことです。しかし、やさしい本、薄い本でも、一冊読めれば自分でも読めるんだという達成感が生まれます。それを積み重ねれば、自信もついてきます。この繰り返しが、読みに対する肯定的な意識、態度につながっていきます。

　また、フィンランドの学習者の記述からは、日本語の本を読みたいという意識はあったけれど、何から始めていいかわからなかった、それが多読によってどのような読み物があり、どのようなものが自分に読めるかわかったことで、日本語での読書が促進されたことが読み取れます。さらに、ミャンマーや台湾の学習者のように、多読の授業で読みに対する肯定的な態度が醸成された結果、授業外でも読むことを続けるといった読みの習慣の形成

第1章　導入・説明編

につながれば、多読の授業の目的達成と言えるでしょう。

　ここでは、学習者の感想から読み取れる「読みの流暢さ」「内容理解力」「語彙力・文字認識」「読書習慣や姿勢」といった多読の効果を紹介しました。このほかに学習者が感じた効果は「Q&A・学習者の声編」に記載しているので、そちらも参照してください。

第2章

理論 編

　導入・説明編では、多読の特徴や理念、学習者が感じる多読の効果について見てきました。ここでは、これら多読の諸相を支える理論的な背景を「インプット仮説」「認知処理の自動化」「語彙習得」「内発的動機づけ」という四つの視点から説明します。

第2章　理論編

　多読は読み物の内容を重視し、学習者がやさしいレベルの読み物、言い換えると自分の日本語習熟度で無理なく読める読み物を大量に読みます。それは、学習者にとって意味のある理解可能なインプットを多量に与えることになるのですが、これは言語学者であるスティーブン・クラッシェン（Stephen D. Krashen）の第二言語習得に関する五つの仮説の一つである「インプット仮説」に理論的な背景を持ちます。

　また、日本語の文章を多量に読むことによって、読みの流暢さが向上します。初めて料理を作ったときは、包丁を握る手にも力が入り簡単な料理にも時間がかかったけれど、何度も料理を作って慣れると手際よく短い時間で作れるようになるということがあります。読みも同じで、学習者が日本語の文章をたくさん読めば、読むことに慣れて読みが流暢になっていきます。それは、読みの認知処理の自動化に関係します。

　さらに多読ではたくさん読むことによって、語彙の知識も増えます。今まで知らなかった語の意味を推測して新たな語彙知識として蓄えることがあったり、今まで知っていた語の異なる使い方を知ったり、うっすら覚えていた語の意味が何度もその語を目にすることによって確かなものになっていったりします。多読による付随的語彙学習です。

　これらに加えて多読は、学習者主体の活動で、読みに関する多くの決定を学習者が行います。それは学習者の読みに対する態度や動機づけに強く関係します。多読がなぜ学習者の動機づけを高めるのかは、内発的動機づけの観点から説明できます。

1. インプット仮説

　多読では、学習者の日本語習熟度よりもやさしい読み物を読みます。では、なぜやさしい読み物を読むことが推奨されるのか、クラッシェンのインプット仮説をもとに説明します。

　クラッシェンは、成人が第二言語を習得することについて五つの仮説を

立てています。

クラッシェンの第二言語習得に関する五つの仮説

1) 習得 – 学習仮説
2) 自然順序仮説
3) モニター仮説
4) インプット仮説
5) 情意フィルター仮説

(Krashen, 1985, クラッシェン・テレル, 1986)

それぞれの仮説の細かな説明はここではしませんが、要点をまとめると、次のようになります。

第二言語能力の向上においては「習得」と「学習」を分けて考える必要がある（習得 – 学習仮説）。第二言語を「習得」する過程には、誰にでも共通する類似的な順序があり（自然順序仮説）、明示的な「学習」によって学んだ文法などの言語規則は、「習得」の結果起こる発話などの言語産出を訂正や調整する機能を果たす（モニター仮説）。現在の言語能力より少しレベルの高いインプットを理解することによって、自然な順序に従った次の段階の言語が「習得」される（インプット仮説）。第二言語の「習得」には情意フィルターが影響し、それが低い人はインプットを受け入れやすい（情意フィルター仮説）。

（クラッシェン・テレル, 1986, pp.28-45による）

この中で、多読に大きく関わるのが「4）インプット仮説」なので、その点をもう少し詳しく説明します。以下は、Krashen（1985, pp.2-3）をまとめたものです。

インプット仮説が主張するのは、人はメッセージを理解すること、理解可能なインプットを受け取ることによってのみ、言語を習得すると

第2章　理論編

いうことである。また、私たちは、未習の文法を含んだ言語でも、文脈や教養的知識、すでに獲得した言語能力の助けを借りて理解することができ、もしインプットが理解され、十分な量があれば、必要な文法（自然順序仮説で示される次の段階で習得すべき文法）は自動的に提供される。教師は意図的に次の段階の文法項目を教える必要はなく、学習者が十分な量の理解可能なインプットを受け取れば、それは自動的に習得される。

　噛み砕いて言うと、言語の習得には順序があって、今よりも一つ上の段階の文法（言語構造）を習得するには教師が教える必要はなく、その文法が含まれた理解できるインプットを学習者がたくさん受け取れば、その文法は自動的に習得されるということです。

　クラッシェンは、学習者の今の言語能力を「i」と表しています。そして、理解可能なインプットの中に i よりも少し上の段階のインプット「i + 1」が含まれることで、その「i + 1」の言語項目が習得されていくとしています。ここだけ読むと、読解において、学習者の今の言語レベルよりも少し難しいものを読まなければならないと誤解するかもしれませんが、そうではありません。あくまで理解可能なものの中に、少し上のレベルのものが含まれるということです。

　インプット仮説は言語習得全般について述べたものですが、理解可能なインプットは音声によるものだけなく、文字によるインプットも含みます。文字によるインプットとは、つまり読みのことです。読みによるインプットについてもクラッシェンは、「読むことは、もしそれが理解でき、伝達に焦点を当てて読め、学習者の次の構文、あるいは一連の構文である i + 1を含んでいれば、確かに習得を助ける」（クラッシェン・テレル 1986, p.161）と述べています。さらに読み物には、「複雑さのレベルが適切」であり、「読者が読んでおもしろいと思うもの」であることが必要だということも指摘しています（同, p.162）。

　つまり、自然順序仮説に従った「i + 1」の言語段階に進むには、それ以外の部分が理解可能なもので、理解可能なインプットが十分に与えられ

38

つつも、その中に「i + 1」の単語なり文法項目なり構文なりが含まれていなければならないということです。

　文法でも単語でも、文章を読んでいるときに未知のものに出会ったときには、その意味や内容を理解しようとします。それまで読んできた内容が十分に理解できていれば、未知のものが含まれた文の文意を推測することができます。その場でその推測が正しいか判断できる場合もあれば、一旦推測した意味を留保して読み進め、後続の文脈の中で推測が正しかったか、もしくは修正が必要か確かめなければならない場合もあります。また、ときには、推測を諦めて読み飛ばすこともあるかもしれません。一部を読み飛ばしたとしても、そこまでの内容が十分理解できていれば、文章全体の意味がわからなくなるほどの影響はなく、そのまま読み進めることができます。同じものが再び出てきたら、そのときは推測がうまくいく可能性もあります。このようにして、未知だったことが理解されていきます。

　わからない単語や文法の意味を推測するような意識的な作業でなくても、内容を理解しながら読んでいるときは、使われている単語の使い方や文構造を無意識に捉えながら文の意味を理解し、文章としての意味のまとまりを構築しながら読み進めているはずです。それを繰り返すことで単語や文法に関する知識、文構造に対する理解が深まっていき、強固なものになっていきます。

図4　次のステップのための理解可能なインプット

　多読の重要な要素である、やさしい読み物をたくさん読むということは、理解可能なインプットを大量に得るためにあります。理解可能なイン

第2章　理論編

プットを大量に取り入れることによって、学習者が今持っている日本語の知識が強固なものになります。そしてそれを土台とし、引き続き理解可能なインプットを浴び続けることで、インプットの中に含まれる一部の未知の言語項目を理解します。理解可能となったその言語項目は、新たに大量に取り入れる理解可能なインプットによってより強固なものになり、新たな土台となります。これを繰り返すことで、言語能力が向上していくというイメージです。

2. 認知処理の自動化

　続いては、多読を行うとどうして読みが流暢になるのかについて、読みの認知的な側面から考えてみます。

　人が文章を読むときには、文字を認識して文の意味を理解するまで、いろいろな認知的な過程を経ています。

　次の文を読んでみてください。

　ねこがいぬをおいかけたどうがをみたけれどつまらなかっtatotarouがいった。

　読みにくくするために、あえてひらがなと一部にローマ字を使って表記しました。漢字かな交じり文で書くと「猫が犬を追いかけた動画を見たけれどつまらなかったと太郎が言った」です。

　この文を見たとき、冒頭から「ねこがい……」と語の切れ目がよくわからないまま読み始めたと思います。少し読んで「ねこ」が「猫」で、助詞「が」があって「犬を」と続くのだと理解しはじめたのではないでしょうか。続いて「おいかけた」で文が終わるかと思ったら、「どうが」と来たので名詞修飾の文構造だとそこで気がつき、「どうがをみたけれど」で複文であることがわかり、後件を読み進めていきます。ところが「つまらな

かっ」「た」と続くかと思ったら、急にローマ字が出て来て面食らったは
ずです。ローマ字を頭の中で音にして、かなや漢字に変換したと思います
が、かなが急にローマ字に変わったうえに「つまらなかった」の「た」だ
けがローマ字表記で、さらにその後も「t」の文字が続いているため、単
語の切れ目が余計にわかりにくく、理解するのに少し時間がかかったので
はないでしょうか。

　読みにくい文、表記を例にしましたが、私たちが文章を読むときには、
文字を認識することから始めて、語を区切り、単語の意味を思いだしつつ
文構造を捉えて文全体の意味を理解しながら、読み進めていきます。

　この読みの認知処理を大きく分けると、下位プロセスである「ディコー
ディング」と上位プロセスである「理解」に分けられます。

ディコーディング（下位プロセス）

眼球停留　　➡ 目で文字を捉える

語彙処理　　➡ 単語の区切りを捉える

音韻符号化　➡ 音に変換する

理解（上位プロセス）

統語解析[*6]　➡ 文の構造を解析する

意味処理　　➡ 意味を理解する

スキーマ処理 ➡ 既有知識と結びつける

談話処理　　➡ 文全体の意味内容を理解する

（門田, 2015を参考に作成）

　人が文を見たら、まず目で文字を捉えます（眼球停留）。そして文字を
見ながらどこで語の区切りがあるか、判断します（語彙処理）。このとき、
「猫が」と漢字かな交じり文で書いてあったら、日本語母語話者は語の切
れ目を認識しやすいでしょう。語の切れ目がわかったら、無意識にそれを

＊6　統語解析：統語解析を下位処理に含むこともあります。

頭の中で音に変換します（音韻符号化）。頭の中にことばの音が入ってきたら、これは名詞だ、これは助詞だ、これは目的語だと文の構造を解析します（統語解析）。それと同時にことばの意味を脳の中の辞書で検索し理解していきます（意味処理）が、その際にその語の意味を既有知識と結びつけながら（スキーマ処理）理解していきます。漢字の場合、音への変換を介さずに直接意味処理をしていることも考えられます（海保, 1984）。語の意味を理解し、かつ文法ルールに則って文としての構造を構築しながら文全体の意味を理解していきます（談話処理）。

　ここでようやく多読に戻りますが、多読を行うと、読みの認知処理の下位プロセスが自動的に行われるようになると言われています。処理の自動化です。

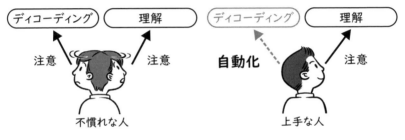

図5　読みが上手な人と不慣れな人の認知処理の違い
（Samuels, 1974, 門田, 2021をもとに作成）

　日本語学習者が日本語の文章を読む場合など、読みに不慣れな場合は、文字を追ったり、音に変換したりといった、読みの下位プロセスにも注意を払わなければならず、頭の中の認知資源を消費します。みなさんが「ねこがいぬを……」の文を最初に読んだとき、一つ一つの語の切れ目にも注意していたと思いますが、それがこの状態です。

　一方、読みが上手な人や日本語母語話者が日本語の文章を読む場合は、読みの下位プロセスは特に意識を向けることなく、無意識に行われます。つまり、ディコーディングの部分が自動化されているのです。「ねこがいぬを……」の文を2回目に読んだとき、もしくは、漢字かな交じり文で書かれたものを読んだときは、何の苦労もせずに読んで意味がわかったと思

います。それが下位プロセスの自動化です。

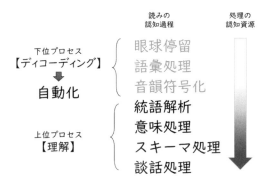

図6　読みの認知処理過程と自動化

　下位プロセスは主に単語の認知に関わることで、流暢に読める人はこの部分に処理の認知資源を費やしません。さらに読むことに慣れた人が母語の文章を読む場合などは、知っている単語の意味処理や、文の構造を解析する統語解析なども、自動的に行われているものと思われます。

　学習者が、まずは文字を認識し、語の切れ目を判別し、単語を音に変換することを円滑に行おうと思えば、単語や文法の知識を増やすとともに、何度も文字に触れて、慣れていくしかありません。さらに、知っている語の意味を瞬時に理解し、文構造までも予測しながら読もうと思ったら、その語に多く触れて、考えなくても意味が想起される状態にしなければならないでしょう。

　多読では、自分の言語能力よりもやさしい読み物をたくさん読みます。大量の理解できる単語やその文字に触れることによって、徐々に下位プロセスが自動化されていきます。

　多読を行った学習者の感想に「縦書きの文章を読むのに慣れた」というものがあります。世界を見渡しても、文章が縦書きで書かれている言語はまれです。中国語も今ではほとんどが横書きだそうです。日本の小説や新書など一般書籍は縦書きが多く、「段階別読み物[*7]」と呼ばれる多読のため

＊7　言語レベルに応じて語彙や文法を制限して書かれた読み物を「段階別読み物」と言います。詳しくはp.52参照。

第2章　理論編

の読み物もそれを考慮して基本的に縦書きで書かれています。縦書きの読み物を多く読むことで、縦書きの文字や単語を認識する認知過程が自動化されていったのだと、学習者の感想は語っています。

　学習者が自分の言語能力よりもやさしい読み物を読めば、文章に出てくる一つ一つの単語や文法、構文にそれほど意識を向けずに読んでいくことができます。言い換えると、読みの認知処理の下位プロセスを自動化したうえで、さらに単語の意味理解や構文解析も自動化されていきます。そのために、流暢な読みができ、さらには読んでいる内容に集中できるのです。

3. 語彙習得

　多読を行う効果として、語彙力の向上が挙げられます。ここでは、それを説明するために、語彙習得を「語彙認知の向上」と「語彙知識の獲得」の二つに分けて考えます。

　Day & Bamford（1998）は、自分の言語能力よりもやさしい読み物を「i－1」の読み物と表現しています。そして、「i－1」の読み物は、学習者が簡単に、自信を持って読める「安心領域（comfort zone）」にある読み物で、それを読むことで言語と読解力が向上し、能力の向上にしたがってまた安心領域の段階が上がっていくとしています（Day & Bamford, 1998, 原著pp.91-92, 訳本pp.115-116）。先のインプット仮説では、学習者の今の言語能力を「i」としましたが、「i－1」はそれよりもやさしい読み物ということです。

　Day & Bamford（1998）は、「i－1」の読み物を多く読むことによって、「視覚語彙（sight vocabulary）」と呼ばれる、ぱっと見て反射的に認知できる語が増えるとしています（原著pp.16-17, 訳本pp.21-22）。視覚語彙は、認知処理が自動化された語と言い換えられます。文章を読んでいるときに、わからない語や知らない語は、未知語として認識します。しかし、

知っているけれども、意味が曖昧な語や少し考えなければ意味が思い出せない語もあります。これらは未知語のように読み方もわからない、意味も推測でしかわからないような語ではなく、見たことはあってゆっくり考えれば語の意味や用法が思い出されるけれど、その処理に少し時間がかかる語です。それが、同じ語に何度も出会うことによって、意味や用法の想起を無意識にできるようになります。処理の自動化です。

段階別読み物は、語彙や文法が制限されていますが、制限されることで限られた言語知識しかない学習者でも読めるという利点があります。それは、同じ語や文法に何度も出会う可能性があるということでもあります。異なる文脈で繰り返し同じ語に出会うことが、処理の自動化を促進する、言い換えると視覚語彙を増やすことにつながります。

もう一方は、語彙知識の獲得です。母語の場合を考えても、本をたくさん読んだら語彙知識が増えるということは、直感的に想像できます。語彙知識は、今まで知らなかった語の意味を新たに知るということだけでなく、既知語の別の意味や用法を知るということも含みます。

多読においては、辞書を使わずにやさしい読み物を読みますが、辞書なしで読もうと思ったら、未知語が含まれる割合が5％（Laufer, 1989）もしくは、1～2％未満（Grabe, 2009）である必要があると言われています。逆に言うと、これらの基準に従ったとしても、やさしい読み物にも1～5％ほどは、未知語が含まれている可能性があるということです。学習者が読み物を読んでいるときに未知語に出会った場合、今まで読んでいた内容が理解できていれば、その語の意味をある程度推測できます。また、推測できず、その語を読み飛ばすことになったとしても、それまで読んだ内容によって文脈が構築されているため、未知語による全体的な理解への影響は小さく、そのまま読み進めることができます。

このように、基本的には流暢に読める読み物に、未知語や既知だけれど意味や用法が異なる語が数語含まれている場合、それらの意味を推測したりしながら、新たな語彙知識を獲得していくことが期待されます。語の意味を推測する場合は、その推測が正しいかは、その場で答え合わせをすることはできません。しかし、同じ語がまた別のところで出て来たときに、

そこで前回の推測を当てはめて読んでみたり、前回の推測と合いそうになかったら、別の意味を考えたりして読み進めます。そのようなことを繰り返すうちに、その語の適切な意味が獲得されていきます。意味がわからなくて読み飛ばした場合であっても、その後に意味が推測できるような文脈で使われている可能性もあります。

　既知語の別の意味や用法についても同じです。既知語の場合、未知語に出会ったときほど引っかかりなく読んでいくと思いますが、「あれ、どうも意味が通らないぞ」と気がつくことがあります。そうすると、「この語には別の意味があるかもしれない」と適当な意味を推測し、読み進めて行きます。あとは未知語の場合と同じように、別の文脈で同じ語に出会って意味を確かめることによって、その語の新たな意味を獲得していきます。

　問題は、未知語でも既知語の新たな意味・用法でも、何度出会えばその知識が獲得されるのかです。英語を対象とした研究ですが、Nation（2014）は、語彙学習のためには12回同じ語に出会う必要があると述べています。そして、多読向けに書き直されていないテキストを支援なしに読むには最低9,000語の語彙知識が必要で、それらの単語について12回出会おうと思ったら、2冊から25冊の小説と同程度の量を読む必要があるとしています。学習者はもちろん母語話者にとっても、大変な量です。この量を考えると、単語を覚えようとする目的であれば、語彙リストや単語カードを使ったほうが効率的です。「学習者がよほど大量の多読をこなさない限り、外国語の語彙学習の大半は意図的学習によって」（Nation & Waring,2020,原著p.114, 訳本p.165）起こると考えるのが現実的かもしれません。

　学習には、明示的学習（意図的学習）と付随的学習（暗示的学習）があります。単語カードで単語を覚えたり、文法規則を学んだり、精読したりするのが明示的学習で、多読のように目標言語に接することを通して言語を習得していくのが付随的学習です。語彙知識の獲得という面では、多読よりも単語カードのような明示的学習のほうが効率よく行えます。しかし、明示的学習で覚えた単語が実際どのように使われているのかは、文章を読んだり会話を聞いたりしなければ、確かめられません。明示的学習で得た知識がどのように使われているのか、生きた場面、生きた使われ方を

知ることができるのが多読です。

　多読は万能ではありません。多読で得られる効果と、精読や単語の暗記など、明示的な学習で得られる効果を見極めて、互いが相補的、相乗的に効果を発揮するようにカリキュラムをデザインすることが求められます。明示的学習と付随的学習両方が行われることで、言語習得が力強く疾走していくのです。

図7　明示的学習と付随的学習は車の両輪

4. 内発的動機づけ

　第1章「7. 多読の効果」のところで、学習者の感想から、読書行為に対する肯定的な評価、読むことに対する抵抗感の低減、動機づけの高まりがあったことを紹介しました。これらは学習者の情意的な側面の変化です。ここでは、多読のやり方が、なぜ学習者の情意的な側面に効果があるのか、「内発的動機づけ」と「権限性」という二つのキーワードから説明します。

　教育心理学では、学習者が学習に向かう動機づけには、「内発的動機づけ」と「外発的動機づけ」があるとされています。内発的動機づけとは、何か新しいことを知りたいから勉強する、今、わからないことがあるから調べてみるというように、学習者自身の知的好奇心から生まれる学習に対する動機づけです。一方、外発的動機づけというのは、勉強をしなければ怒られるから勉強する、テストで失敗したら補習を受けなければならない

第2章　理論編

から勉強するといったような、外部の要因によって学習者を学習に向ける動機づけです。読書を例にとって言うと、読書そのものに楽しみや喜びを感じている場合は内発的動機づけで、読書感想文の宿題をするために本を読むような場合は外発的動機づけです（鹿毛, 2013, p.186）。田中（2007）は、「内発的な動機づけは、深く、持続する学習を導くのに対して、外発的な動機づけは、浅く、短期的な結果に注目した学習を導く（p.36）」とし、「教室において重要なのは、学習者自らの決定と興味に基づくやる気、すなわち内発的な動機づけである（p.31）」と述べています。

　多読は内発的動機づけを高められる教育的アプローチです。

　多読では、学習者は、自分の読みたい本を自分で選びます。文字で書くと、たったこれだけのことですが、これが内発的動機づけを高める重要な点です。

　内発的動機づけを高めるための最も有効な手段は、学習者が自己選択の機会を持つこととされています（市川, 2011, p.29, 鹿毛, 2013, p.262, 田中, 2021, p.38）。学習についての選択肢があり、決定権を学習者が持っているということです。「権限性」とも言います。自己選択ができる、権限性が学習者にあるということによって、「自分の行為を引き起こす原因が自己の内側にあると感じている状態」となります（鹿毛, 2013, p.198）。この状態をdeCharms（1968）は「オリジン」と呼び、それが外側にあると感じる状態を「ポーン」と呼んでいます。オリジンはチェスで言うところの指し手、ポーンはコマにあたり、オリジンのほうがポーンより一般的に動機づけが高いとされています（速水, 2019, p.26）。オリジンは自分でやることを自分で決めて進んでやる状態、ポーンは他人からやらされる状態と言い換えてもいいでしょう。

4. 内発的動機づけ

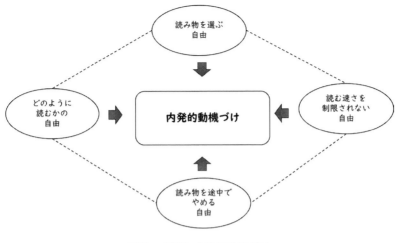

図8　多読と内発的動機づけ

　多読において学習者は、自分で読む本を選びます。また、本を読んでいるときに、つまらなければ読むのを止めて、他の本を読むこともできます。さらに、テストの読解のようにどのような読み方をするのかは決められておらず、自分の読みたいように読みます。さらに読むスピードも学習者に委ねられており、読むのが遅い人はゆっくり読むことができます。
　これらは読むことに関する多くの決定権を学習者が持っていることであり、それらに責任を持つことでもあります。指示されて読まされるポーンの状態ではなく、読むことを自分でコントロールするオリジンの状態です。これが内発的動機づけを高めることになります。内発的動機づけを高め、それを維持することができれば、多読の授業が終わってからも学習者は知的好奇心を満たすために読むことを続けるはずです。
　自ら選ぶということは、学習者が自律的な読み手となっていくことへとつながっているのです。

第3章

実践 編

　「導入・説明編」では、多読とはどのようなものか、その理念や概要を説明しました。続く「理論編」では、なぜやさしい読み物を読むのか、多読によって読みの流暢さや語彙力はどのように向上するのかなど理論的な背景を紹介しました。「実践編」では、多読を行うための読み物や方法など、実践するために必要なことについて具体的に、細かく説明していきます。実践の形は、学習者や教育機関の事情によって千差万別です。「実践編」で紹介する内容は、一つの例としてとらえて、それぞれの教育現場に合ったやり方で実践してみてください。

第3章　実践編

1. 日本語学習者のための段階別読み物

　多読において学習者は、自分の日本語レベルよりもやさしい読み物を読みます。やさしい読み物であれば、辞書を使わずに読めるし、読むときの心理的なハードルを下げることができます。「理論編」で紹介したように、このような心理的なプレッシャーを感じずに読めるような読み物をDay & Bamford（1998）は、「安心領域にある読み物」と呼びました。安心領域にある読み物は、学習者の日本語レベルよりもやさしい読み物、つまり「i－1」の読み物ですが、「理論編」では「i－1」の読み物は学習者の視覚語彙の向上に効果があると紹介しました（⇒p.44）。

　それだけでなく、安心領域にある「i－1」の読み物は学習者に日本語で読むことに対する自信を与えます。学習言語の日本語の読み物であるにもかかわらず、辞書を使わずに楽に1冊読み通せれば、「できた」という達成感と「自分でもできる」という自信が得られます。自信がついてどんどん読んでいけば、それに伴って言語能力も向上し、安心領域が広がっていきます。多読向けの読み物は、言語のレベルが上がるにつれて言語の制約が縮小していくので、表現できる内容が豊かに、おもしろくなっていきます。楽に読める読み物なのに、読めば読むほど本がおもしろくなっていくことは、学習者の励みになります（Day & Bamford, 1998, 原著p.92, 訳本p.115）。

　ところで、学習者が多読で「i－1」の読み物を読むためには、読み物が日本語の難易度によってレベル分けされており、その中から自分のレベルよりやさしいレベルの読み物を見つけなければなりません。それを可能にする、言語学習者の多読のために作られたレベル分けされた読み物を「段階別読み物（Graded Readers）」*8と言います。段階別読み物は、多読を行う

＊8　Graded Readers：似たものに「Leveled Readers」というものがあり、どちらもレベルを分けて書かれた読み物ですが、Graded Readersはその言語の学習者向けのもので、Leveled Readersは母語話者向けのものという違いがあります。

際に必ず必要となるものなので、どのようなものかここで詳しく説明します。

1-1　段階別読み物とは

　段階別読み物では、決められた語彙や文法の基準に従って文章が書かれ
ていて、初級の学習者でも辞書なしで読めるものから、中級・上級学習者
が読むものまで4～6レベルで構成されています。初級の学習者が読むレ
ベルのものは文字数が少なく、語彙や文法も初級で学習するようなものが
使われており、ストーリーの背景や展開を理解したり、ときどき出てくる
難しい単語の理解を助けたりするために、絵が多用されます。レベルが高
くなるにつれて、絵の使用は少なくなり、文字数、使用される語彙数も多
くなっていきます。文法もいわゆる中級文法と言われるものや書きことば
でよく使う文法が使われるようになりますが、母語話者向けの読み物とは
異なり、あくまで学習者向けなので、高いレベルの読み物でも言語的な配
慮がされています。

　多読で学習者は自分が読みたいと思う本を読むので、読み物のジャンル
については、学習者が自分の興味によって読み物を選べるように、それぞ
れのレベルに多様な読み物が準備されています。読んでおもしろい、内容
を楽しめるという観点から、昔話や有名な文学作品のリライトのような物
語が大部分を占めますが、伝記や科学的なもの、日本文化を紹介したもの
などノンフィクションの読み物もあります。

　世界中に学習者がいて、日本語教育に先行して多読が行われている英語
教育では、各出版社がそれぞれ独自の段階別読み物のシリーズを出版して
います。「Oxford Bookworms Library」や「Penguin Readers」、「Macmillan
Readers」などが有名です。各レベルに数十の読み物があるので、複数の
出版社の段階別読み物を集めると、そのタイトル数はあっという間に数百
に上ります。

　日本語教育では、20年以上前からNPO多言語多読[9]というNPO法人が

＊9　NPO多言語多読：前身は2002年に設立された「日本語多読研究会」で2012年より「NPO多言語
　　多読」となりました（NPO多言語多読ウェブサイト（https://tadoku.org/outline/history）より）。

第3章　実践編

日本語学習者向けの段階別読み物を作っています。アスク出版から出版されている『レベル別日本語多読ライブラリー（にほんご　よむよむ文庫）』（以下「多読ライブラリー」）というシリーズと、大修館書店から出版されている『にほんご多読ブックス』（以下「多読ブックス」）というシリーズがあり、この二つのシリーズが日本語教育で最も大きい段階別読み物のシリーズです。出版社は異なるのですが、どちらもNPO多言語多読が監修しているので、レベル設定は統一されています。

　これらのシリーズではどのような基準でレベル分けがなされているか見てみます。

1-2　段階別読み物のレベル分け

レベル	能力試験	語彙	字数／1話	主な文法項目
スタート（超入門）		200	～200	現在形、過去形、疑問詞、～たい　など ※基本的に「です・ます体」を使っています。 ※文法にこだわらず、絵と朗読音声で読む、超入門編です。
0（入門）		350	200～400	現在形、過去形、疑問詞、～たい　など ※基本的に「です・ます体」を使っています。
1（初級前半）	N5	350	400～1500	現在形、過去形、疑問詞、～たい　など ※「です・ます体」を使っています。
2（初級後半）	N4	500	1500～2500	辞書形、て形、ない形、た形、 連体修飾、～と（条件）、～から（理由）、 ～なる、～のだ　など
3（初中級）	N3	800	2500～5000	可能形、命令形、受身形、意向形、～とき、 ～たら・ば・なら、～そう（様態）、 ～よう（推量・比喩）、複合動詞　など
4（中級）	N2	1300	5000～10000	使役形、使役受身形、～そう（伝聞）、～らしい、 ～はず、～もの、～ようにする／なる、 ～ことにする／なる　など

図9　NPO多言語多読　段階別読み物のレベル設定
（アスク出版『レベル別日本語多読ライブラリー　スタート2　しりとり』巻末資料より）

　両シリーズともに、基本的にはレベルは0から4の5段階です。「基本的には」と書いたのは、2022年に「多読ライブラリー」から「スタート

（超入門）」という、ほとんど文字のないレベルが追加されたので、それを含めると6段階になります。また数は少ないですが「多読ブックス」シリーズにはレベル5の読み物もあるので、それを含めると7段階になります。とはいえ、中心はレベル0からレベル4の5段階なので、ここではその5段階について見ていきます。

　レベル0は入門レベルで、一話の語彙数は350語程度、文字数は200〜400字程度です。使用されている単語は日本語学習者が初級段階で学習するような語やよく目にする語が中心で、使われている文法項目も少なく、文構造は単文で、単純です。

　レベル1は、語彙数がレベル0と同じ350語程度です。レベル0との違いは、文字数が1話あたり400〜1,500字に増えたことです。使用されている語彙数は同じなので、レベル0とレベル1では、学習者はそれほど難しさの違いを感じないかもしれません。日本語を読むことに慣れていない学習者や、より日本語の習熟度が低い学習者にとっては、文字数の少ないレベル0が適しているでしょうが、初級の学習者でも少し日本語の読みに慣れている学習者は、レベル1から始めても無理はありません。もちろん、レベル1で難しさを感じた学習者には、レベル0から読むことを勧めます。

　さらにレベル0は、ほとんどの作品が横書きで書かれています。一方、レベル1以上は、縦書きで書かれています。小説を始めとする日本語の書籍は縦書きが多いので、それに慣れるように、NPO多言語多読のシリーズでは縦書きが採用されています。縦書きで書かれていることの効果は「理論編」の「2. 認知処理の自動化」（⇒p.43）で述べた通りです。

　レベル2からレベル4はレベルが上がるにつれて使用される語彙数、文法項目が増えていき、一話の文字数も多くなります。その違いがわかるように、ここでは「多読ライブラリー」のレベル0『風と太陽　〜イソップ物語より〜』とレベル3の『小泉八雲の怖い話　むじな／幽霊滝』の2作品を比べてみます。その文字情報の量の違いがはっきりわかります。

第3章 実践編

図10　レベル0『風と太陽　〜イソップ物語より〜』

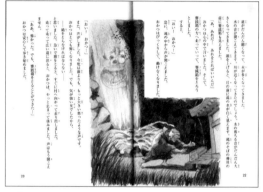

図11　レベル3『小泉八雲の怖い話　むじな／幽霊滝』

　レベル0やレベル1の読み物は、絵本のように挿絵が中心となって話が展開します。レベルが上がるにつれて挿絵の割合は小さくなりますが、要所に挿絵が使われており、学習者は場面をよりリアルに想像しながら文章を読み進めることができます。挿絵は学習者の読みの動機づけを高めるのにも役立ちます。読むのが苦手な学習者も、挿絵があれば、それに興味を持って読み始められますし、なかには「疲れたときには挿絵だけ見る」という学習者もいます。

1-3 読み物の種類

「多読ライブラリー」と「多読ブックス」を合わせると計141作[*10]ありますが、そのうち8割ほどが物語などのフィクションで、ノンフィクションは4分の1程度にとどまります。ノンフィクション作品の拡充が待たれるところです。

ある事物や事象を説明するようなノンフィクション作品では、専門的な語彙が出現しやすくなります。専門的な語彙は特定の分野やテーマ、状況や場面で限定的に使われることが多いため、辞書を使わないで読むことを前提とした多読の読み物では、扱うのが難しくなります。

しかし、低いレベルの読み物でも、絵を用いて専門的な内容をうまく表現している作品もあります。

図12　レベル0『大豆』

このページだけを見ても、「こうじきん（麴菌）」「なっとうきん（納豆菌）」のような専門用語が見られます。また、「もやし」や「枝豆」も日本語教育の初級の教科書ではほとんど出てこない語です。もやしや枝豆は、写真を見ればどのようなものか理解できます。「こうじきん（麴菌）」「なっとうきん（納豆菌）」は、このイラストを見ただけでは理解できないのですが、後のページにもキャラクター化されたこれらの菌が出現するので、原材料の何かであることはわかります。絵があるからといって完全に

[*10]　141作：2024年8月現在。

第3章　実践編

その語が理解できるというわけではありませんが、読み進めるうえで最低限支障とならない程度には理解できるようにイラストが助けていることを示す好例と言えます。

このように、専門用語を多く含むために語彙のコントロールが難しい内容であっても、絵や写真を効果的に使うことで表現することが可能です。

なお、段階別読み物はレベル0からレベル4まで、すべての漢字にルビが振られています。そのため、学習者が漢字の読み方がわからなくて読めなくなるということはありません。

2. 学習者に人気の読み物

ここで、筆者が過去に行った実践から、学習者に人気があった段階別読み物を紹介します。

この実践では、学習者は本を読んだ後に、その本に対しておもしろさとオススメ度、それに日本語の難しさを5段階で評価しました。1年間にのべ58名が行った多読のデータ4,418件を使用しています。この多読に参加した学習者は、全員がレベル0の読み物から読み始めました。「多読ライブラリー」「多読ブックス」を合わせると、いずれのレベルにも25〜30作品ありますが、この多読活動に参加した学習者はレベル0では15冊以上、レベル1以上は各レベルで20冊以上読むことが課されました。全員がレベル0から始めて、週1回、約4か月の学期中に何名かはレベル4まで到達しましたが、全員ではありませんでした。一方、レベル3には全員が到達したので、表2、3の結果においてはレベル4、5の作品は含めず、全員が読む可能性のあったレベル3までの読み物を対象とし、順位づけを行いました。

また、この活動に参加したのは全員中級後半レベル以上の学習者だったので、初級の学習者の評価は含まれていません。読み物の評価は、学習者の日本語レベルと読み物のレベルの関係によっても変わります。内容がよ

2. 学習者に人気の読み物

表2 おもしろさ上位20

順位	Lv	タイトル	種類	おもしろさ
1	2	一休さん　－その二－	ラ	3.00
2	2	屁っこき嫁	ブ	2.88
3	3	小泉八雲の怖い話　むじな／幽霊滝	ラ	2.81
4	3	魔術	ラ	2.79
	0	私はだれでしょう？*	ラ	2.79
6	3	かげのこいびと	ラ	2.77
7	3	注文の多い料理店	ラ	2.76
8	3	幸せな王子　～The Happy Prince～	ラ	2.74
9	2	ソーピーの冬の家	ラ	2.73
10	2	老人の町	ブ	2.72
11	2	最後の葉	ラ	2.71
	2	一休さん	ラ	2.71
13	3	大男の話	ブ	2.70
	0	西町交番の良さん「にわにわに？」	ラ	2.70
15	1	ハチの話	ラ	2.69
	2	日本のお風呂*	ラ	2.69
17	3	かぐや姫	ラ	2.65
	2	裸の王様	ブ	2.65
19	2	トルストイ民話集　王様とルバシカ／お父さんの物／細い糸	ラ	2.64
20	3	芥川龍之介短編集　蜘蛛の糸／鼻	ラ	2.59
	3	日本の神話　『古事記』より	ラ	2.59

表3 オススメ度上位20

順位	Lv	タイトル	種類	オススメ度
1	2	最後の葉	ラ	3.62
2	1	ハチの話	ラ	3.22
3	3	地震と津波*	ラ	3.00
4	3	幸せな王子　～The Happy Prince～	ラ	2.96
5	2	一休さん　－その二－	ラ	2.94
6	3	小泉八雲の怖い話　むじな／幽霊滝	ラ	2.88
7	2	日本のお風呂*	ラ	2.80
8	3	魔術	ラ	2.79
	0	私はだれでしょう？*	ブ	2.79
10	3	この人だあれ？　お札の話*	ラ	2.78
11	2	象のトンキー	ラ	2.76
12	2	一休さん	ラ	2.73
13	3	かげのこいびと	ラ	2.72
14	2	クリスマスプレゼント	ラ	2.70
15	3	五兵衛と津波	ブ	2.69
16	3	カップヌードル／カラオケ／ウォークマン　～日本で生まれて世界へ～*	ラ	2.67
	1	寿司・すし・SUSHI*	ラ	2.67
18	0	大豆*	ラ	2.66
19	3	ばかオンダル	ブ	2.64
20	1	着物*	ラ	2.63

※＊はノンフィクション作品　※「種類」の「ラ」は「多読ライブラリー」で「ブ」は「多読ブックス」を指す
※おもしろさ、オススメ度の数値は、5段階評価の平均値

第3章　実践編

くても、言語レベルが難しければそれをおもしろいと感じられないことも
あります。この表ではレベル3までの作品を取り上げましたが、中級後半
以上のレベルの学習者であればレベル3までの読み物を十分に理解できる
はずなので、日本語の難しさに左右されることなく内容に焦点を当てて評
価した結果だと考えてよいと判断しました。

2-1　おもしろさの評価

　前置きが長くなりましたが、評価の高かった作品を見ていきます。
　おもしろさの第1位は、『一休さん　－その二－』です。同じく『一休
さん』も第11位に入っていてどちらも人気があります。学習者の声を聞く
と、一休さんのことは聞いたことがある、自分の国で読んだことがあると
いう意見があり、もともと知っていた人物についての話を日本語で読んで
楽しんでいる様子がうかがえます。第2位は『屁っこき嫁』です。ストー
リーの展開もさることながら、目を引くイラストが人気で、学習者のコメ
ントにはイラストに言及したものが多く見られます。第3位は、『小泉八
雲の怖い話　むじな／幽霊滝』です。怖い話は学習者に人気なので、小泉
八雲の作家性が人気を押し上げたというよりは怖い話が理由で上位に入っ
ていると言えます。こちらも表現豊かなイラストが使われているので、そ
れもおもしろさに一役買っています。
　おもしろさの上位20作品の中で、第4位に『私はだれでしょう？』、第
13位に『西町交番の良さん「にわにわに？」』が入っています。これらは
レベル0の読み物です。『私はだれでしょう？』は、絵や写真がふんだん
に使われ、ヒントをもとに何のことを言っているかクイズ形式で読み進め
ていくもので、答えに意外性があって豆知識が得られます。『西町交番の
良さん「にわにわに？」』は、良さんという、ちょっと抜けたおまわりさ
んが町内のいろいろな小さな事件を奮闘しながら解決するシリーズの一つ
です。他にも良さんが出てくる作品はあるのに、この作品だけが上位に
入っているのは「にわにわに（庭にワニ）」ということばのおもしろさに
よるものと推測されます。

60

レベルが低い読み物は、使用されている単語や文法、字数が限られているので表現できる内容に制限があります。しかし、だからといって内容がつまらないというわけではなく、ことばの制限と内容のおもしろさが両立することを、これらの作品が表しています。第15位の『ハチの話』もレベル1ですが、「忠犬ハチ公」のストーリーは学習者にもよく知られていて、やさしい日本語ながらも人気が高い作品です。

その他、宮沢賢治の『注文の多い料理店』や『芥川龍之介短編集　蜘蛛の糸／鼻』などは、文学作品の簡約です。読んでいる学習者がそれを有名な文学作品であると認識しているかどうかはわかりませんが、今では古典と言われるような文学作品も根強い人気があります。

2-2　オススメ度の評価

一方、オススメ度の上位20作品は、おもしろさの上位20作品と少し傾向が異なります。全体で見ると、おもしろさとオススメ度は相関がある、つまりおもしろいと評価される作品はオススメ度も高い傾向があります。『ハチの話』や『一休さん』『私はだれでしょう？』などは、おもしろさとオススメ度のどちらにも上位20作品として入っています。

オススメ作品の傾向として一つ挙げられるのは、ノンフィクション作品の多さです。表中のタイトル名に「＊」がついているのが、ノンフィクションの作品ですが、おもしろさの上位20にはノンフィクションが2作品しか入っていない一方で、オススメ度上位20には8作品が入っています。

第3位の『地震と津波』は、実際に地震が起きた際の写真とともに地震と津波について解説したものです。第7位の『日本のお風呂』は、風呂の歴史的な変遷を含めながら日本の風呂文化を紹介しています。江戸時代には銭湯が混浴だったなど、日本人でも知らないことが紹介されており、イラストもきれいで、当時の様子が想像されます。第8位の『私はだれでしょう？』は、先ほど紹介した通りです。第10位の『この人だあれ？　お札の話』は、お札の肖像画に使用されている野口英世、樋口一葉、福沢諭吉の一生を紹介したものですが、2024年7月にお札のデザインが変わってし

第3章　実践編

まったので、今後は情報が古くなってしまいます。社会の事象や人物を扱ったノンフィクションの場合、このようなことが起こり得るのですが、公刊された紙媒体の読み物の宿命です。第16位の『カップヌードル／カラオケ／ウォークマン　〜日本で生まれて世界へ〜』は、日本生まれで世界で人気を博した三つの発明品を紹介している読み物です。第16位の『寿司・すし・SUSHI』、第20位の『着物』はいずれも日本の伝統的な物を紹介した読み物です。『地震と津波』を含めて、これらはいずれも日本事情を説明した読み物と言えます。

　このように、ノンフィクションは、日本の文化を知ったり知識や教養を得られたりするので、それを読んだ学習者はそれを他の人にも薦めたいと感じるのだろうと推察されます。

　その他、オススメの上位20の中の第1位『最後の葉』は、有名なアメリカの作家オー・ヘンリー（O. Henry）の「最後の一葉（The last Leaf）」の簡約版です。同じく、14位の『クリスマスプレゼント』は「賢者の贈り物（The Gift of the Magi）」が原作の作品です。オー・ヘンリーの作品は、もともと内容が優れたものなので、簡約したものも総じて人気があります。第2位の『ハチの話』は忠犬ハチ公の話、第11位の『象のトンキー』は、太平洋戦争時に戦時猛獣処分を受けた象の話で、いずれも話の内容に定評があるものです。これらを読んだ学習者は、他の学習者にもぜひ読んでほしいと思うのでしょう。

　表2や**表3**は、筆者が行った実践においてそこに参加した学習者から調べたものですが、みなさんが多読を実践した際には、学習者の読書記録から人気の作品をリストアップして、他の学習者に紹介したり、次に多読を実践する際に提示したりしてみてください。学習者が薦めたもののほうが説得力があって、読みの動機づけになるはずです。また、多読に懐疑的で、やさしい読み物はつまらないという先入観を持っている学習者に、評価の高い読み物を薦めることで、その先入観を変えることもできます。また、本がありすぎて何から読んでいいかわからない、楽しめない本を引き当てたくないという学習者が、本を選ぶ際の指標にもなります。

このように、評価の高い作品を集計すると多読の運営に役立つので、後に紹介する「多読記録」の中に、おもしろさのような評価項目を含めておくとよいでしょう。

3. 段階別読み物と母語話者向けの読み物の橋渡し

　段階別読み物は、学習者向けに書かれた読み物です。ある基準に沿って語彙や文法などが制限されて文章が書かれているため、言語的な配慮をしていない母語話者向けの読み物とは使用する語彙などが異なります。そのため、段階別読み物の最高レベルに到達した学習者であっても、すぐに小説など母語話者向けの読み物に移行するにはギャップがあります。そのギャップのせいで、せっかく段階別読み物で読むことに自信をつけたのに、それが挫かれることにもなりかねません。

　段階別読み物と母語話者向けの読み物とのギャップを埋めるものとして、「ブリッジシリーズ（Bridge series）」という読み物群があります。英語多読では、一時ブリッジシリーズが盛んに作られた時期もあったようですが、今ではあまり見られなくなったそうです（Nation & Waring, 2020, 原著p.30, 訳本p.43）。日本語教育では、アルクから出版されている『どんどん読める！　日本語ショートストーリーズ』（以下「ショートストーリーズ」）がブリッジシリーズに相当するでしょう。

　「ショートストーリーズ」は、段階別読み物のように、日本語レベル別に書かれているわけではありません。しかし、日本語能力試験Ｎ３レベルで読めるように語彙や表現が制御されています。それに加えて、小説のようにさらっと読めるようになっているので、母語話者向けの読み物に入る前の助走となります。「ショートストーリーズ」は、同じコンセプトで書かれたものがVol.1から3まで3冊あります。この3冊にレベルの差はありません。

63

図13 アルク『どんどん読める！ 日本語ショートストーリーズ』Vol.1

　このタイプの読み物には「ショートストーリーズ」の他に、スリーエーネットワークから出版されている『小説　ミラーさん』があります。これは言わずと知れた同社から出版されている『みんなの日本語』の登場人物「マイク・ミラーさん」を主人公にし、小説仕立てにしたものです。著者の横山悠太は、2014年に群像新人文学賞を受賞した作家で日本語教師でもあります。『小説　ミラーさん』は、日本語学習者向けの読み物ではあるものの、一つの短編小説として読み進めることができます。『みんなの日本語』で学習した学習者であれば、より親しみを持って読むことができるはずです。

　このような、日本語学習者向けの書籍であるにもかかわらず、問いや学習項目がつかない、言い換えれば教材ではない純粋な読み物は、多くありません。ブリッジシリーズは、段階別読み物と母語話者向けの読み物の橋渡しをする読み物で、学習者を円滑に母語話者向けの読み物に移行させるためにも重要な役割を担いますが、まだまだ数が少ないのが現状です。段階別読み物とともに、このようなブリッジシリーズのような読み物も今後どんどん増えていくことが期待されます。

　段階別読み物やブリッジシリーズは、その言語を学習する人が無理なく読めるように、語彙や文法、表現が制限されて書かれています。また、段階別読み物は冊子体になっているものの小説など母語話者向けの読み物に比べて、1冊の分量は驚くほど少なく、薄いものです。言語のやさしさや分量を取り上げて、そのような読み物は稚拙で読み物としての質が低いと考える人もいます（Day & Bamford 1998, 原著p.56, 訳本p.68）。しかし、

図14　スリーエーネットワーク『小説 ミラーさん』シリーズ

言語を制限しながらも読み手が興味を引くような内容豊かで深い読み物もたくさんあるのも事実です。

　多読の読み物を批判的に見るのではなく、段階別読み物やブリッジシリーズを「言語学習者文学（Language Learners Literature）」（同，原著p.63，訳本p.79）という一つの読み物ジャンルとして捉え、その有用性に注目すべきです。教師もその特性を理解して、多読を実践するとよいでしょう。また、学習者に最も近い存在である教師自身が言語学習者文学の書き手として読み物拡充に貢献することも強く勧めます。

4. 絵本について

　多読では、しばしば絵本が読み物として使われることがあります。絵本は絵を中心に物語が進行するため、文脈を捉えやすいからです。また、絵本で使われる日本語は小説などに比べれば文字数が少なく、表現もやさしく書かれています。漢字にルビが振ってあるものが多いことも特徴です。これらは、日本語学習者が内容を理解するのに役立ちます。

　しかし、あくまで絵本は母語話者向けのものなので、そこで使われている日本語は、学習者向けに配慮されたものではないことに注意が必要です。例えば、日本語母語話者が「小鳥のさえずり」や「小川のせせらぎ」と聞けば、小鳥の美しい鳴き声や小川の清らかな流れが頭に浮かぶでしょ

第3章　実践編

う。情景描写の表現としては、小学生でもわかります。ところが日本語学習という観点から見ると、「せせらぎ」「さえずり」ともに日本語の教科書では取り上げられることが少なく、初級ではほとんど導入されません。「リーディング　チュウ太」という語のレベルを判定できるウェブツール（https://chuta.cegloc.tsukuba.ac.jp/）がありますが、それで調べてみても、「せせらぎ」と「さえずり」は日本語能力試験の級外語彙、つまり学習上ほとんど出てこない言葉ということになります。このように、母語話者向けの絵本であっても、学習者が読む際には語彙選択や表現に差があることに注意を払っておく必要があります。

　Nation & Waring（2020）は、「英語母語話者向けの児童書を読むにも多くの語彙量が必要で、その難しさは成人向けと変わりはありません」と指摘しています（原著pp.5-6, 訳本p.7）。この指摘には十分留意する必要がありますが、その一方で、絵本であれば絵の助けがあり、効果的に絵が使用されているので、学習者向けの多読の読み物を充実させるために役立つという面もあります（Day & Bamford 1998, 原著pp.98-99, 訳本pp.123-124）。どの絵本が学習者の多読に適しているかを検討する必要はありますが、筆者が行った実践でも絵本を読む学習者は多くいたので、英語と比べて多読向けの読み物が少ない日本語教育においては、それを補うために絵本を加えることは利点が多いと言えます。

　子ども向けの絵本は、成人の学習者にとって内容が稚拙に感じられることがあります。学習者の動機づけを損なわないように、そのように感じさせる絵本ではなく、大人が読んでも考えさせられるような内容の絵本を多読に加えるようにします。絵本を多読に使用する場合はただ書籍を準備することにとどまらず、「絵本＝子ども向け」という固定観念を抱かせないように、いくつかの絵本を例にとって教師がその魅力を解説したり、読み聞かせをしたりするとよいでしょう。ある絵本を取り上げて内容についてクラスでディスカッションをしたり、最後の展開を予想させるような活動を行うと、絵本に対する抵抗感は薄れます。

　ヨシタケシンスケのような、今、日本で人気のある絵本作家を紹介してみるのもよいでしょう。筆者の授業に参加した学習者の中には、授業中に

紹介したヨシタケシンスケの絵本にはまり、そればかり読んでいた人がいます。人気の絵本作家の作品は、学習者の母語に翻訳されていることもあるので、そのような作家を選んで紹介してみると学習者も興味を持ちやすいでしょう。

　また、絵本の中には、文字のないものがあります。ここではそれを「文字なし絵本」と呼びますが、母語でも読書習慣のない学習者や、極端に読書を苦手としている学習者に、文字なし絵本を読む（見る）ことを勧めるのも有効です。文字がないので、かなを学習していないような入門期の学習者が多読の活動に参加していても、対応することができます。

表4　オススメの文字なし絵本20

著者	タイトル	出版社	オススメ
アーロン・ベッカー	『クエスト　にじいろの地図のなぞ』	講談社	
アーロン・ベッカー	『ジャーニー　女の子とまほうのマーカー』	講談社	＊
アーロン・ベッカー	『リターン　洞くつ壁画の魔法』	講談社	
姉崎一馬	『はるにれ』	福音館書店	
安野光雅	『ふしぎなえ』	福音館書店	
イエラ・マリ	『あかい　ふうせん』	ほるぷ出版	
イエラ・マリ	『りんごとちょう』	ほるぷ出版	
五十嵐豊子	『えんにち』	福音館書店	
イシュトバン・バンニャイ	『ZOOM　ズーム』	復刊ドットコム	＊
太田大八	『かさ』	文研出版	
ガブリエル・バンサン	『アンジュール　ある犬の物語』	BL出版	
スージー・リー	『かげ』	講談社	
ショーン・タン	『ARRIVAL アライバル』	河出書房新社	＊
デイヴィッド・ウィーズナー	『セクター7』	BL出版	
デイヴィッド・ウィーズナー	『ぼくに　まかせて』	BL出版	
デイヴィッド・ウィーズナー	『漂流物』	BL出版	＊
ニコライ・ポポフ	『なぜ あらそうの？』	BL出版	
バーバラ・レーマン	『THE RED BOOK レッド・ブック』	評論社	
ピーター・スピアー	『雨、あめ』	評論社	
レイモンド・ブリッグズ	『ゆきだるま The Snowman』	評論社	＊

（＊は、初めて文字なし絵本を見る人に特にオススメの作品）

　文字なし絵本の役割は言語の習得ではなく、本を読む（見る）ことに慣れることです。母語でも本を1冊読み通したことがない学習者の場合、段階別読み物のレベル0やレベル1に対しても「難しい」「無理だ」という先入観があって抵抗を感じることがあるかもしれません。そのような極端な例は少ないにしても、本を1冊通して読むことに慣れたり、その達成感

第3章　実践編

を得たり、ストーリーの展開を予測したりするのに、文字なし絵本は役に立ちます。試しに、次のオススメの文字なし絵本をいくつか手に取って読んで（見て）みてください。絵という視覚情報から次の展開がどのようになるのだろうと予想しながらページをめくる手が止まらなくなり、文字なし絵本の持つ魅力が実感できるはずです。

　絵本は子ども向けというイメージがありますが、多読を行った留学生からは「想像力が高まる」や「内容が豊か」など肯定的なコメントが多く出されます。「日本の子どもが日本語を習得する過程を体験したければ、かなで書かれている絵本がよい」と言っていた学習者もいました。もちろん絵本を読まない学習者も多く、絵本を手に取るかは学習者の自由です。絵本を多読の読み物に含めると、読み物のバリエーションを持たせたり、母語話者向けの語彙使用に触れたりすることができます。

5. 小・中・高校生向けの読み物

　母語話者向けの読み物で日本語学習者の多読に使えそうな読み物として、絵本のほかには、小・中・高校生向けの読み物があります。近年、「朝の10分間読書」などと称して定期的、習慣的、継続的な読書活動を導入する学校が増えており、一話が短く完結していて短時間でも読み切れるような読み物が多数出版されています。

　例えば、学研から出ている「よみとく10分」というシリーズがあります。タイトルに「10分で読める○○」とついていて、「○○」には、「名作」や「伝記」などが入ります。このシリーズは小学生向けで、小学1年生から6年生まで学年別に書かれています。もちろん、学年が上がるにつれて語彙のレベルが上がり、文章も長くなります。同種の書籍で「なぜ？どうして？　科学のお話」というシリーズがあります。タイトルの通り、科学に関係のある読み物なのですが、生活に身近な現象を科学的に解

説する読み物で、ノンフィクションが少ない多読読み物の分野の偏りを補う読み物としても役立ちます。筆者が確認した限り、漢字に振られるルビの量は学年とシリーズによって異なりますが、8割以上の漢字語彙にルビが振られている印象です。

　同じく学研から「5分後に意外な結末」というシリーズが出版されています。これは主に中・高校生向けの読み物ですが、タイトルの通り5分で読めるほどの短い文章で話が完結します。「意外な結末」と銘打っているぐらいなので、短いながらも意外な結末が待っていて、話の展開が楽しめます。このシリーズには、恋の話を集めた「5分後に恋の結末」や感動する話を集めた「5分後に思わず涙。」などもあり、自分の好みのジャンルを選ぶことができます。また、「5分後に」よりもさらに短い「5秒後に意外な結末」というものもあります。ルビは、一部の漢字にしか振られていないので、漢字が苦手な学習者には不向きです。

　これらは、母語話者向けの読み物の中でも比較的学習者に読みやすいものですが、絵本と同様にあくまで母語話者向けに書かれています。特に使用される語彙については統制されていないので、学習者が見たこともないようなことばも多く使われています。絵本であれば絵から未知語の意味が推測できるかもしれませんが、小・中・高校生向けの読み物には挿絵が少なく、絵から未知語を推測することができない場合がほとんどです。

　日本語教育を知らない人から、学習者の日本語レベルは小学校何年生程度かと聞かれることがあります。母語としての日本語と第二言語として習得する日本語は、同一ではありません。そのため、小学1年生向けの読み物であれば初級学習者でも読めるというわけではないので、注意が必要です。これらの読み物を学習者が辞書を使わずに読もうと思ったら、少なくとも「日本語教育の参照枠」[11]におけるB1レベル（自立した言語使用者）程度の日本語能力は必要になるでしょう。

　短く完結する読み物として星新一などの「ショートショート」を思い浮かべる人も多いのではないでしょうか。「5分後に意外な結末」シリーズ

＊11　「日本語教育の参照枠」：文化庁国語審議会（2021）『日本語教育の参照枠　報告』
　　（⇒ p.123〜）

第3章 実践編

と同様に、「ショートショート」は短編小説よりもかなり短い分量で、最後にストーリー全体の流れが回収されるオチがついた読み物です。確かに分量としては学習者が読むのによいのですが、日本語学習者にとって短すぎるが故の問題点があります。それは、場面や状況の設定が説明的に記述されていないため、十分に頭の中で状況の構築ができないことです。人物の関係性や状況が十分に理解できないままストーリーが進み、結局何が起こったのかわからないまま話が終わるということが起こります。さらに「ショートショート」はSFのような架空の状況設定のストーリーも多いため、その場の状況がイメージしにくく、カタカナ語も多いので、学習者には理解しにくいという特徴があります。

　日本語の教科書で「ショートショート」が使われていることがありますが、それは比較的状況や展開が理解しやすいものが厳選されて使用されています。多読の場合は、取捨選択せずにいろいろなものをそのまま読むことになるので、「ショートショート」を多読の読み物として使用する際には、慎重になる必要があります。

6. 文学作品

　夏目漱石、太宰治、村上春樹、東野圭吾……。古典と呼ばれる作家を含め、学習者からは日本近現代文学を原書で読めるようになりたいという希望をよく聞きます。日本の文学作品を原書で読めるようになったら、その学習者はすでに多読を行う必要がないレベルかもしれないですし、文学作品が読めるようになることを多読の一つの到達点と捉えてもよいのですが、「辞書を使わないで読む」という多読の基本に従うとすれば、そのハードルは相当高いものとなります。

　そのため、文学作品を多読に使用することはあまり勧めません。

　しかし、文学作品は根強い人気があること、それ故に文学作品を読むことに対する動機づけが高いこと、学習者が母語で翻訳版を読んでいる場合

6. 文学作品

があること、「青空文庫」*12 などで簡単に手に入る作品があることなどの理由から、文学作品を多読の読み物に加えるのは絶対にやめたほうがいいとは言えません。

以前、このような学習者がいました。フィンランド出身の学習者で、特に読書好きというわけではなかったのですが、自国にいるころからインターネットを通じて日本語で発信される情報に多く接していました。その学習者が日本に留学して多読の授業を受けました。その多読の授業では、文学作品の原書は用意せず、段階別読み物だけを読むことにしていました。「多読ライブラリー」には太宰治の「走れメロス」を翻案したものがあるのですが、その学習者は以前から興味のあった「走れメロス」の「多読ライブラリー」版を読んで非常に感銘を受けました。そして多読の授業が終わった後に「青空文庫」で「走れメロス」を探して、原文で読んだというのです。

段階別読み物には、文学作品をやさしく書き換えたものがいくつかあります。この学習者のように、それがきっかけとなって原書で読むことにつながる場合があります。そのような流れは読書習慣を身につけるという多読の目的の一つに合致し、理想的な展開なので、むしろ推奨されることです。しかし何度も繰り返すように、同じ作品でも段階別読み物に翻案されたものと、原書には大きなギャップがあります。段階別読み物やブリッジシリーズで養った読むことに対する自信を削ぐ可能性もあるので、文学作品を多読に使用する際には、学習者の日本語レベルを見極めて慎重に導入するに越したことはありません。

以上、ここまでさまざまな読み物を紹介してきましたが、それらを多読に取り入れる際の、日本語レベルとの関係図を以下に示します。「文学作品」「絵本」と種類としてはひとくくりにしていますが、その中には学習者が読めるものから母語話者でも読むのに苦労するものまであります。やみくもに作品を収集するのではなく、教師が実際に目を通して学習者でも

＊12　青空文庫：著作権の保護期間が満了した過去の文学作品やクリエイティブ・コモンズ・ライセンス（p.73の注を参照）が付された作品を無料で公開するウェブサイト（https://www.aozora.gr.jp/）。

71

読めそうなもの、学習者の人気が高いものなどを意図的に選別したうえで多読に導入します。

学習者の日本語レベルが向上し、自律的な読み手になって母語話者向けの読み物もどんどん読めるようになれば、どのような読み物を学習者が読んでも構いません。しかし、その段階に至るまでは、一般的な読書と日本語教育における多読を分けて考える必要があります。学習者が無理なく読めることを前提に、読み物を揃えていくことが肝心です。

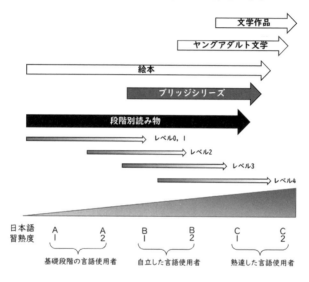

図15　日本語習熟度と読み物の種類

7. ウェブサイトと無料の読み物

多読を実践したいと思ったときの障壁の一つとなるのが、読み物を揃えることです。段階別読み物を一通り揃えるだけでも数万円の費用がかかります。機関がそれを負担してくれない、読み物を買う予算がないといった理由で多読の実践を諦めてしまうのは、残念です。そのような場合、インターネット上に公開されている無料の読み物を利用するという方法があります。

現在、インターネット上には日本語多読のための読み物が多数公開され

ています。その中で、特に作品数の多い三つのウェブサイト[13]を紹介します。この三つのウェブサイトは、いずれも「クリエイティブ・コモンズ・ライセンス[14]」が付されていて、著作権者に使用許諾を得ることなく読み物を使用することができます。

【NPO多言語多読　多読のための無料の読みもの】
URL：https://tadoku.org/japanese/free-books/

図16　NPO多言語多読「無料の読みもの」のページ

　NPO多言語多読は、日本語教育における多読の先駆者的存在で、本書でも何度も紹介している『レベル別日本語多読ライブラリー』『にほんご多読ブックス』といった日本語学習者のための段階別読み物を作っています。そのウェブサイトで、無料の読み物が公開されています。段階別読み物を作成しているだけあって、ウェブサイトでもスタートレベル（レベル０の前）からレベル５までの６段階の読み物が125作品公開されています[15]。

---

[13]　三つのウェブサイト：いずれも2024年8月31日にアクセス確認。

[14]　クリエイティブ・コモンズ・ライセンス：著作権者に使用許諾を得なくても設定された範囲内で自由に作品が使用できることを表す制度。原作者のクレジット（氏名、作品タイトルなど）を表示するだけでよく、改変はもちろん、営利目的の使用も許可されるものから、原作者のクレジットを表示し、かつ非営利目的であり、そして元の作品を改変しないことを主な条件に、作品を自由に再配布できるものまで、著作権者が自由に設定できます。

[15]　ウェブサイトでの公開作品数：以下掲載したウェブサイトのいずれも2024年7月29日現在のもの。随時作品が追加されています。

ウェブサイト上で読むことができるだけでなく、PDFとしてダウンロードもできます。PDF版も、電子本に最適化した形式と、印刷してホチキスで閉じると冊子の状態になる印刷用の形式の2形式があります。各レベルにある程度の分量の作品があるので、これらを印刷して冊子にするだけでも、授業での多読を行うことができます。また、「多読ライブラリー」「多読ブックス」といった書籍の読み物とレベルが統一されているので、大人数のクラスなど書籍での冊子数が足りない場合の追加素材として使用することもできます。

さらに、多くの作品には朗読の音声が付されています。音声も、NPO多言語多読のウェブサイト上で聞く方法と、YouTube経由でページを見ながら聞く方法が用意されています。音声をダウンロードすることもできます。日本語多読の先駆者だけあって、初めて多読を導入する教師にとっても使いやすい素材となっています。

【読み物いっぱい】
URL：http://www17408ui.sakura.ne.jp/tatsum/project/Yomimono/Yomimono-ippai/index.html

図17 「読み物いっぱい」のページ

ニュージーランドのマッセー大学の田畑サンドーム光恵氏と国立国語研究所の松下達彦氏が運営責任者を務める無料の多読の読み物を提供するウェブサイトです。NPO多言語多読と基準は異なりますが、レベル1からレベル3までで構成された段階別読み物を158作品公開しています。この

ウェブサイトの作品は、PDFをダウンロードするか、ウェブ上で開いて読みます。また、いくつかの作品には朗読の音声が付されています。学習者が作った読み物が掲載されているのも、このウェブサイトの特徴です。

【たどくのひろば】
URL：https://tadoku.info/

図18 「たどくのひろば」のページ

　筆者が運営しているウェブサイトです。先の二つのウェブサイトとは異なり、語彙や文法の基準を設けて読み物を作っていないので段階別読み物ではありません。内容を優先して作品が作られますが、作品を作っているのはほとんどが日本語教師なので、言語的な配慮がなされています。また、完成した後に日本語のレベル判定が行われて、語と文の難しさの情報が付されます。読み物の傾向として社会的な話題や日本事情の内容などノンフィクションの作品が多く掲載されているのが特徴です。読み物の数は184作品です。ブリッジシリーズの読み物として、小学校や中学校の外国人児童生徒への授業にも使われています。作品はルビがある版とない版が選択でき、PDF形式でダウンロードします。一部の作品には朗読音声があります。

　最後にもう一つ、「オンライン多読ライブラリー」（https://padlet.com/kurse/tadoku_library）という便利なウェブサイトを紹介します。

第3章　実践編

　Padletというウェブツールを利用したウェブサイトで、国際交流基金ケルン日本文化会館が運営しています。このウェブサイトでは、先に挙げた三つのウェブサイトをはじめ、ウェブ上にある七つのウェブサイトの多読読み物を集約して、レベル別に掲載しています。ウェブ上に多読の読み物はあるけれど、ウェブサイト間でのレベルの関係がわからない、いろいろウェブサイトを回って読み物を探すのは大変、という教師や学習者にとって便利に利用できるウェブサイトです。

　以上、無料の読み物を多数公開している三つのウェブサイトと、その情報を横断的にまとめているウェブサイトを紹介しました。ここに挙げた三つのウェブサイトだけでも450作以上の無料の読み物があります。これらを利用すれば、書籍の読み物を購入しなくても十分に多読が実践できるはずです。

8. 多読の読み物を作る

　公刊されている読み物やウェブで公開されている無料読みものだけでも、ある程度網羅的にさまざまな分野をカバーした読み物が準備できます。しかし、学習者の趣味、嗜好も千差万別です。より多くの学習者の要求に応えようとするなら、読み物の種類は多いに越したことはありません。今ある読み物を利用するだけでなく、この分野の読み物が欲しい、学習者からこの話題についての読み物をリクエストされたなど、既存の読み物で足りないと教師が感じたら、自分で作ってみるとよいでしょう。

　日本語教師は日本語を教えるスペシャリストですが、作家のように文章を書くプロではありません。そのため、読み物を書くことに躊躇するかもしれませんが、学習者が読む読み物すべてが、作家が書くようなすばらしい作品である必要はありません。一方で、学習者の日本語能力に配慮した文章を書くことは、学習者の日本語の習得過程を理解している日本語教師

76

であるからこそ、できることです。

　読み物を作る際には、内容と日本語レベルのバランスを考える必要があります。初級者向けの読み物には多彩な語彙、文法は使えないし、場合によっては理解を助ける挿絵も入れなければなりません。一方で、複雑な内容を表現しようと思うと、ある程度の語彙や表現のバリエーションが必要となります。

　NPO多言語多読のウェブサイトには、多読の読み物を書く人へ向けた作り方を解説したページがあります。そこには、作成時のポイントや作成例が紹介されていて、さらにNPO多言語多読が設定した段階別読み物の語彙・文法リストも公開されています。この基準に従えば、NPO多言語多読の段階別読み物に準拠した読み物が作れます。自分が作りたい読み物を段階別読み物として使用することを目指すならば、読み物を作成する前に内容と日本語レベルのバランスを考え、あらかじめ作品のレベルの見込みを立てたうえで、語彙・文法の基準に従って作っていきます。この方法ならば、段階別読み物が作りやすいですが、使用できる語彙・文法の基準があるため、自分が書きたい内容や表現したい事柄が十分に書き切れないことがあります。

　一方で、とにかく読んでほしい内容があって、それを読むのはどのレベルの学習者でもよいというのであれば、先に内容重視で書いてからやさしくリライトする方法もあります。筆者が運営するウェブサイト「たどくのひろば」の読み物は、この方式で読み物が作られています。段階別読み物のように語彙や文法の明確な規定がないので、使用される語彙や表現には幅がありますが、書き手である日本語教師が学習者の読みやすさに配慮をして文章を書いているので、学習者にとって読みやすいものとなっています。また、読み物の語彙レベルを「リーディング　チュウ太」、文章の難易度を「jReadability」[16]というウェブ上のツールで測定し、参考情報として作品に付しています。この方法では、初級学習者向けの読み物を作るのが難しいという面がある一方、読み物の内容が優先されるので、自分の

＊16　jReadability：https://jreadability.net/（2024年8月31日にアクセス確認）

作りたい内容の読み物、さまざまな話題の読み物が作れるという利点があります。

　これらは教師が日本語の読み物を作ることを想定したものですが、学習者が作った読み物や作文を多読の読み物として使うこともできます。実際に、「読み物いっぱい」のウェブサイトでは、学習者が作った作品も掲載されていますし、「たどくのひろば」でも「ちょっと○○な話」というタイトルで、学習者が書いたエッセイを掲載しています。これらを参考に、学習者が書いたものを多読の読み物として利用してもよいでしょう。

　「NPO多言語多読」「読み物いっぱい」「たどくのひろば」のいずれのウェブサイトでも、作品や読み物の書き手を募集しているので、世界中の日本語学習者に読んでもらえるように、自分の書いた作品をこれらのウェブサイトで公開してみてください。

9. 自分でやってみる

　本書を読んで多読に興味を持ち、授業に取り入れてみようと思った人は、まず自分で多読を実践し、経験してみてください。何と言っても、質、量ともに英語多読は読み物が充実しているので、英語多読を実践してみることを勧めます。

　多読を行うには、段階別読み物が必要です。自分の読みたい本を読むので、選択肢は多いほうがよく、ある程度まとまった量の本が必要です。それらをすべて自分で購入するのは難しいでしょう。図書館で読んだり借りたりするのが、現実的です。まずは、都道府県立図書館や市町村立図書館など公設の図書館に行ってみてください。公設の図書館に所蔵されている洋書はそれほど多くはありませんが、図書館によっては多読のコーナーを設けていたり、コーナーを設けてはいないものの英語学習のコーナーに段階別読み物を備えていたりします。

　もし公設の図書館で見つけられなかったら、大学の図書館に行ってみて

ください。その大学の学生でなかったり、授業を担当していなくても、ビジターとして利用できる大学図書館は多くあります。英語教育においては多読への理解がある程度広まっており、多くの大学図書館は多読コーナーを設けていて、段階別読み物を備えています。

出版社によって段階別読み物のレベル設定は異なりますが、いくつかの本をパラパラと見て、自分が辞書を使わずに楽に読めそうな物を選んで、読んでみます。辞書を使わずに読むことがどのような感覚なのか、わからないことばが出てきたときにどのように感じるのか、1冊読み終わったときの達成感はどうか、やさしい読み物でもおもしろいものはあるのか、やさしく書かれていることの弊害は何かなど、学習者の気持ちを想像しつつ教師の視点も持って読んでみます。

学習者に実践してもらう前に、教師自身が多読がどのようなものか体験しておけば、実感を持って学習者に説明することができるはずです。

10. 仲間を集める

自分で多読をやってみて「これならやる価値がある」と思ったら、ぜひ日本語教育で多読を実践してみてください。しかし、「よし、やってみよう！」と思っても、ある日突然授業で多読を行うのは難しいことです。日本語学校や大学など組織的に日本語教育を行っている機関には、すでに決まったカリキュラムがあります。それを無視して、勝手に実践するわけにはいきません。カリキュラムに取り入れるほど大規模に多読を行わないにしても、授業の中で実践する場合には、学校やコースの責任者に説明し、時には多読の有用性を述べて説得する必要があります。十分に説明できないと、周りから「多読？　何それ？　そんなので日本語が上手になるわけないよ」と、一蹴されて終わってしまいます。そうならないように本書があるわけですが、それに加えて勉強会を開いたり、同僚と講習会に参加したりして、多読に関する理解を深めるとよいでしょう。多読の有用性を理

第3章　実践編

解してくれる仲間が周りにいれば心強いですし、一人で訴えるより、複数
人で訴えたほうが説得できる可能性も高まります。

　日本語多読については、NPO多言語多読が定期的に講習会などを行っ
ています。オンラインの講座が主なので参加しやすく、多読の基礎を学ん
だり、実際に段階別読み物を作成する過程を体験できたりします。このよ
うな講座に参加し、機関を越えて情報収集や意見交換をすると、より理解
が深まり他の人に自信を持って説明できるようになります。

11. 読み物を揃える

　多読を行うには、読み物を揃える必要があります。何よりもまず必要な
のは、段階別読み物です。

　試しに一度多読をやってみる、というような場合であれば、学習者とと
もに図書館に出向いて段階別読み物を読んでみることはできます。しか
し、多読はある程度継続的に行う必要があるので、しっかりやろうと思っ
たら、図書館で本を借りて実践するのは難しいでしょう。機関なり、個人
なりで購入することになりますが、現実的な問題としてあまりに購入費用
が高額だと多読を始めることすらできません。では、これまで何度も紹介
したNPO多言語多読監修の『レベル別日本語多読ライブラリー』シリー
ズと『にほんご多読ブックス』シリーズを揃えると、購入費用はどのくら
いかかるのでしょうか。

　『レベル別日本語多読ライブラリー』は、スタート（超入門）レベルか
らレベル4まであります。スタートレベルは1セットだけですが、レベル
0からレベル4は、各レベルVol.1から3までの3セットあります。1
セットの中に5〜8冊の本が入っていますが、分売はされていません。こ
れらをすべて揃えると、36,800円（税抜）[17]です。

＊17　書籍の価格：いずれも紙媒体の価格で2024年8月現在のもの。

11. 読み物を揃える

『にほんご多読ブックス』は、Vol.1からVol.10まであります。各Vol.はレベル別に分かれているのではなく、一つのVol.に複数のレベルが混在しています。バランスよく入っているわけではないので、レベルを通して揃えようと思うと、各Vol.の中身を見ながら購入することになります。すべてのVol.を購入すると24,800円（税抜）です。こちらも分売はされていません。

図19 『レベル別日本語多読ライブラリー』レベル0 Vol.1のセット内容

学習者の人数が多い場合、同じ本を2冊、3冊と複数購入できれば理想的ですが、予算が限られている場合は、「多読ライブラリー」と「多読ブックス」をそれぞれ1種類ずつ購入します。さらに予算を絞らなければならない場合は、どちらかのシリーズだけを揃えるようにしますが、どちらか1シリーズを選ばなければならないのならば、レベルごとにセットになっていて、冊数も多い『レベル別日本語多読ライブラリー』を勧めます。「それでも予算が……」という場合は、『レベル別日本語多読ライブラリー』のレベル0からレベル4までのVol.1だけ準備するようにします。しかしこの場合、読み物の種類が限られるため、多読の特徴である「学習者が多くの読み物から自分の読みたい本を選ぶ」ことができなくなります。

「多読ライブラリー」を例にとると、1セットの中に5、6冊の読み物が入っています。クラス内で多読を行う場合、仮にクラスに学習者が15人いれば、5、6冊ではまったく本が足りません。「多読ライブラリー」は

81

第3章　実践編

一つのレベルにつき三つのVol.があるので、それらをすべて揃えると1レベルにつき15〜20冊程度になります。ようやく一人1冊手に取れるかという数ですが、多くの本から選ぶという状況ではありません。ただ、漢字圏の学習者と非漢字圏の学習者の違いからもわかるように、同じレベルの学習者が集まっているクラスであっても、学習者によってやさしく読めるレベルは異なります。そのため、例えば「初級後半クラス」の多読であっても、初級後半の中心的なレベル（NPO多言語多読の基準で言うと、レベル2程度）を中心にその前後のレベル、つまりレベル1とレベル3の読み物を同時に準備しておくことになります。レベル1〜3の3レベルの読み物を各3Vol.ずつ揃えると、45から60冊になります。学習者15人に対して45〜60冊。読み終わったらすぐに戻すことを徹底すれば、なんとか滞りなく読み物を手にすることができる程度の数です。ただ、これは学習者がそれぞれ異なるレベルの読み物を読んだ場合のことなので、一つのレベルに集中してしまうと、やはり本が不足します。理想的には、同じ本を複数揃えておくことになりますが、予算のことを考えると容易なことではありません。その対応策としては、先ほど紹介したウェブサイトで公開されている無料の読み物を利用するという方法もあります。

　これまで段階別読み物としてNPO多言語多読の『レベル別日本語多読ライブラリー』と『にほんご多読ブックス』を取り上げてきました。日本語教育の段階別読み物としては、長らくこの二つのシリーズしかなかったのですが、2023年にジャパンタイムズ出版から『初級日本語よみもの げんき多読ブックス』（以下「げんき多読ブックス」）というシリーズが出版されました。

　「げんき多読ブックス」はその名の通り、日本語教科書『げんき』に準拠した多読読み物で、Box1からBox4の4セットで構成されています。初級学習者のクラスでメインテキストに『げんき』を使用しているのであれば、このシリーズを使用するのもよいでしょう。「げんき多読ブックス」は、『げんき』で学習した文法項目や単語に則って読み物が書かれています。そのため、第何課まで学習した学習者には、このレベルの「げんき多

11. 読み物を揃える

図20　ジャパンタイムズ出版『初級日本語よみもの げんき多読ブックス』Box 1

読ブックス」が適しているという目安がつけやすく、『げんき』で学習している学習者には馴染みを持って読めるはずです。

「げんき多読ブックス」のBox 1には『げんき』L 1からL 6に対応した初級前半レベルの読み物が12冊入っています。Box 2にはL 7からL12まで対応の初級前半レベルの12冊が、Box 3にはL13からL18対応の初級後半レベルの12冊、Box 4にはL19からL23まで対応の初級後半レベルの10冊が入っており、Box 1からBox 4まですべて揃えると全46冊で、28,000円（税抜）となります。「げんき多読ブックス」も分売はありません。

教員も学習者も多読に慣れておらずゼロから多読を始めるにはハードルが高いと感じている、それでいて、授業で『げんき』を使っているというクラスであれば、「げんき多読ブックス」を副教材として使用する形で多読を実践してみると、抵抗なく始められるはずです。『げんき』に準拠しているとはいえ、段階別読み物として作られているので、もちろん『げんき』を使用していない学習者に対しても多読の読み物として用いることができます。

紙媒体の本は、一度購入すれば継続して何度も使用できます。多読を行うときのクラスサイズと予算のバランスを見ながら、本を揃えるようにします。多読では、学習者が自分が読む本を自分で選ぶことが大切なので、少なくとも本を選ぶときに3冊以上から選べるように環境を整えてください。

12. 本を備える、運ぶ

多読のための書籍が無事に揃えられたら、「よし、実践だ！」といきたいところですが、ここでまた現実的な問題として、多読をどこで行うのか、そのために本をどのように備えておく、もしくは運ぶのかということを考えなければなりません。

まず多読をどこで行うかということについてです。図書室や資料室、多読のために使える特定の教室があるのであれば、多読の読み物をそこに常備し配架しておくことができます。図書室や資料室の場合は他の資料もあるので、多読の書籍を一か所に集めて「多読コーナー」を作ります。多読コーナーには表示を設けて、学習者にわかるようにしておきます。

図21　ある大学図書館の英語の多読本コーナー

このような多読の書籍を常備させられる場所があれば多読の実践はしやすいのですが、学習者が多い場合、図書室や資料室に入り切らないことがあります。そのため、本が図書室や資料室にあっても、読むのは別の部屋でということが起こります。多読の書籍は1冊が短く読むスピードも速いので、比較的頻繁に本を取りに行ったり来たりします。本を備える部屋と

読む部屋が近ければ、それほど問題にはならないかもしれませんが、互い
の部屋が離れている場合は、行き来だけで時間をロスします。行ったり来
たりが面倒になると、学習者は一度に大量の本を持ってきて自分のそばに
置いておくようになります。そうすると、本の循環が悪くなり、他の学習
者が本を選ぶときに数が少ないということにもなりかねません。また、図
書室や資料室は、基本的には静かな環境であることを求められるので、読
んだ本について話し合うブックトークも行いにくい環境です。それを考え
ると、多読を行う学習者が全員入れる容量のある教室に本棚を設けて多読
コーナーを作っておくのが理想的と言えます。その場で多読を行い、ブッ
クトークもそのままできるというわけです。

　しかし、このような多読用の教室を１室確保するのは、よほど余裕のあ
る学校でない限り難しいでしょう。そうなると、普段使っている教室に本
棚を置いて多読コーナーを設けることになるのですが、そこで心配なのは
本の紛失です。普通、教室は学習者が自由に出入りできます。そこに本が
ある場合、いつでも手に取って見られるという利点はあるのですが、教師
の目が行き届かない時間帯は、紛失の可能性が高くなります。故意に本を
持って帰る学生はいないとは思いますが、読んでいるうちにうっかり教科
書と一緒になってしまい、そのままかばんの中へ。それが学期末だったり
すると、持ち帰った本が引っ越しの荷物と一緒に国へ発送されるという事
態もなくはないことです。授業で使うにも、自習用として貸し出すにも、
本の紛失は悩みの種です。

　このような事情もあり、筆者が授業で多読を行う場合は、多読の読み物
を保管場所から毎回教室へ運び入れる場合が多いです。

　「多読ライブラリー」だけであれば、レベル０から４まで各３Vol.ずつ
持って行っても、78冊です。78冊と聞くと多いと思うかもしれませんが、
１冊の厚さが２〜５mmほどしかないので、それほどの分量にはなりませ
ん。この程度の分量であれば、紙袋やかばんに入れて教室まで持って行く
ことができます。

図22 「多読ライブラリー」78冊の場合（ミニマム）

図23 多読用の書籍を１種類ずつ一通り持って行く場合

　学習者が多い場合、同じ本を複数冊揃えておく必要があります。そうなると、運ぶ本の数も２倍、３倍となります。また、段階別読み物やブリッジシリーズのような多読のための本だけではなくて、絵本や小説なども持って行こうとすると、一人の教師が運べる量、重さではありません。特に絵本はサイズが大きく、カラー刷りなので、重さもかさみます。そうなると、本を箱などに入れて台車で運ぶことになります。

　多読のための書籍だけを運ぶのであれば、本はみかん箱大の箱一つか二つに収まり、普通サイズの台車で運ぶことができます。しかし、これが絵本やヤングアダルト文学、その他の書籍も含めて５～６個の箱を運ぼうとすると、普通の台車では壊れます。100kg以上の荷物を運べるような大型の台車が必要となります。

12. 本を備える、運ぶ

図24　300kgまで運べる大型の台車

　書籍を運ぶ際には、折りたたみ式コンテナが便利です。普段は折りたたんで重ねておけるので場所を取りません。どのメーカーもサイズはおよそ統一されているので、異なるメーカーのものを購入しても重ねて使うことができます。段階別読み物やブリッジシリーズなど多読用の読み物はＡ５サイズが多いので、運ぶための箱も浅いほうが整理しやすいです。一方、絵本は大型の物が多くサイズもバラバラなので、箱の深さが必要です。折りたたみ式コンテナであれば、サイズが違っても重ねられるのでムダがありません。

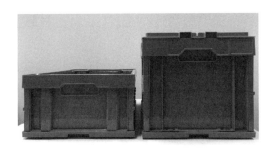

図25　二つのサイズの折りたたみ式コンテナ

　台車で本を運ぶ際には、その教育機関のバリアフリー環境が試されます。今後は、配慮が必要な学習者への対応やインクルーシブな教育の必要

87

性が増していくので、多読の本を台車で運ぶのに困難がある場合は、バリアフリーな環境ではないということです。早めに対策しておく必要があるでしょう。

13. 本の並べ方

　教室に本を持って行ったら、できるだけ平置きで並べます。本棚のように立てて並べると、背表紙の情報しか見えないため、学習者が本を選びにくくなります。また、一か所に集中するので、本を選ぶ際に混雑します。かなりの場所を必要としますが、平置きにすると学習者は表紙のタイトルや絵を見て本を選ぶことができます。

　また、レベル別に本を並べておくと、学習者は自分に適したレベルの本を探しやすくなります。「多読ライブラリー」と「多読ブックス」は、レベル0が水色、レベル1がピンク色、レベル2が赤色、レベル3が黄色、レベル4が緑色と、レベルによって表紙や背表紙が色分けされていて、色を見れば一目でどのレベルかがわかるようになっています。

図26　教室に本を平置きしている様子

本はレベル別に並べておくのが基本ですが、あるテーマに沿って同じ種類の読み物をまとめておく方法もあります。例えば昔話ばかりを集めて置く、ノンフィクションを集めて置く、怖い話を集めて置くなどです。同じテーマの読み物を連続して読みたいときなどに、有効です。多読においては、本の種類が多ければ多いほどよいですが、本が多くなってくると、目的の本を探すのが大変になります。その際に、本の種類やテーマによってカテゴリー化されていると、目当ての本が探しやすくなるし、次にどの本を読めばいいか迷う学習者への示唆にもなります。また、「2．学習者に人気の読み物」（⇒p.58）のところで紹介したような、これまで多読をした学習者に人気のあった本をまとめて置いておき「人気作品一気読み月間」などと名づけて、それらの作品を読むように促すことも考えられます。

また、まとめて置いておくだけではなくて、ポップ（POP）を作って立てたり、紹介文や感想文を添えておいたりすると、学習者の興味を引くことができます。多読の授業の中でお気に入りの本のポップを作るという活動をすれば、ポップ作りの際にその本の内容をよりよく理解しようとするだけでなく、完成したポップは次の学習者へのメッセージともなります。

いずれも次の読みへの動機づけになるので、いろいろと工夫してみるとよいでしょう。

14. 実践の方法

では、ここから実際にどのように多読を実践していくのかを見ていきます。その際、多読をカリキュラムの中にどの程度取り入れられるかによって、実践方法が異なります。ここでは大きく、「正課の授業で行う場合」「課外で行う場合」「本の提供だけをする場合」の三つに分けて説明します。

第3章　実践編

14-1　正課の授業で行う場合（全員参加型）

　もしカリキュラムに多読を導入することができ、正課の授業として時間を取って多読を行えるならば、喜ばしいことです。その場合でも、例えば週に1回の多読授業を半年間継続的に行える場合もあれば、独立した授業としてはできないけれど、毎日の授業に少しずつ取り入れる場合もあります。ここでは四つのタイプを紹介します。

　A）がっつり多読授業
　B）10分間読書のように毎日少しずつ多読活動
　C）たまに空いたスキマ時間に行うお試し多読
　D）テスト対策としての短期集中型多読

14-1-1　がっつり多読授業

　毎週1回50分、もしくは90分など、定期的にまとまった時間に多読を行うタイプです。今まで週に2回あった読解の授業のうち1時間は多読をして、もう1時間は精読をするようなことが考えられます。毎週定期的に多読ができるので、学習者はかなりまとまった分量の本を読むことができます。
　以下、がっつり多読授業に必要な手順や注意点を順に説明していきます。

【オリエンテーション】

　どのような形であれ、多読を実践する前には、必ずオリエンテーションを行って、学習者に多読の方法や効果を説明します。精読の授業に慣れている学習者は多いですが、多読は精読と違って学習項目が明示的に提示されませんし、方法がまったく異なります。そのため、最初に多読の方法や効果を説明しておかないと、学習者は戸惑い、場合によっては意味がないと思ってやめてしまったり、否定的な態度を取ったりします。
　大学の授業であれば、その授業を履修するかどうか学習者が選択できることが多いので、多読の授業の説明をして、学習者が自分に合わないと感

じたらその授業を取らない選択をすることができます。しかし、日本語学校の授業などカリキュラムが固定していて学習者に履修する、しないの選択肢がない場合は、事前の説明をよりしっかりして、その意義を十分に伝えなければなりません。多読が成功するかどうかは、最初の説明にかかっているといっても過言ではないでしょう。

　担当する教師が何年か継続して多読を行っているのであれば、説明の際にぜひ過去の学習者の感想や成果を紹介してください。教師がいくら意義を説いても響かないこともあります。しかし、より身近な存在である先輩学習者の体験や感想であれば、切実に伝わることがあります。学習者に「ちょっとやってみようかな」「おもしろそうだな」と思ってもらえれば成功です。

【1回の授業の構成】
　日本語学校のように1回の授業が50分程度なのか、大学のように90分程度なのかによって差がありますが、基本的に多読では、学習者が自由に読む時間に多くを割り当てます。筆者が授業でがっつり多読をする場合は、授業時間の少なくとも7割程度は多読の時間に充てるようにしています。

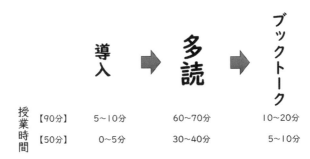

図27　授業時間の内訳の目安

【授業準備と導入】
　教室に着いたら、まず本を並べなければなりません。先にも述べたように、表紙が見えるように平置きで本を並べます。これには結構な時間がかかります。段階別読み物をレベル0から4まですべて並べるには、5～10

第3章　実践編

分かるでしょう。最初は教師が並べなければなりませんが、2回目から
は学習者に手伝ってもらってもよいですし、慣れてくると自然に学習者が
並べ始めてくれることもあります。より多くの時間を多読に割り当てるた
めに、本を並べる作業は授業が始まる前までに終わらせておきたいところ
です。読書記録（⇒p.104）の返却も授業前にできるとよいでしょう。

　授業を開始したら、すぐに読みを始めてもよいですし、例えばオススメ
の本を1冊紹介するなど、教師からの情報提供があっても構いません。筆
者は、実物投影機を使って、毎週1冊の絵本の読み聞かせをしていまし
た。絵本であれば1冊読んでも5分程度で終わり、読み聞かせをすること
で学習者の興味を引くこともできます。読み聞かせは上手である必要はあ
りません。文章を文字で読むのと音声で聞くのでは理解のしかたが異なる
ので、重要なのは教師が声に出して読み、それを学習者が聞くということ
です。

【多読の時間】

　導入の後、授業の中心である多読を始めます。学習者は平置きしてある
本から自分のレベルに合った、好きな本を手に取り、席に戻って読みま
す。多読をしているときにリラックスして本が読めるよう、教師は環境作
りに努めます。寝転がりながら、あるいはゆったりソファに座りながらと
はいきませんが、自由に席を移動したり、飲み物を飲むことを許可したり
するなどは、通常の教室でもできます。また、可能であれば静かな音楽を
流す、もしくは学習者が好きな音楽をイヤホンで聴くことを許可するなど
しても構いません。とにかくリラックスできる雰囲気を作り、学習者が緊
張感なく読みに集中できる環境を作ります。

　学習者が本を読んでいる間、教室は静まり返ります。日本語の授業とい
うと、発話の絶えない活気のあるにぎやかな授業がよいように思われがち
ですが、多読に関しては逆です。何十人と学習者がいる空間であるにもか
かわらず、読書中はまったく話し声の聞こえない静かな環境になります。
この静寂に、最初は教師のほうが戸惑います。しかしそれは学習者が読み
に集中している証拠で、多読の目的は文字による理解可能なインプットを

大量に得ることなので、静かになるのは当然です。教師は居心地が悪いかもしれませんが、その静寂を見守ってください。

1授業時間内で、読む時間は60％〜80％は取ったほうがよいでしょう。あまりに読む時間が短いと、せっかく内容に集中し始めたところで終わってしまうことになります。一人で静かに読むことが活動の中心となる多読では、それなりに読みに時間を割り当てるようにします。忙しい学習者にとっては、授業での読みの時間が何者にも邪魔をされず読みにだけ集中できる貴重な時間になります。

学習者は1冊の本を読み終えたら、読書記録に記入して次の本に移ります。読書記録については、後ほど詳しく説明します。

【ブックトーク】

授業の最後には、学習者をペアやグループに分けて、ブックトークをすることを勧めます。

誰でもおもしろい映画を見たり、感動する本を読んだりしたら、その内容や感想を誰かに話したくなるものです。その機会を多読でも設けます。10〜20％程度の時間をブックトークに割り当てるとよいでしょう。時間が短ければペアで話すほうがよいですし、15〜20分程度時間が取れるのであれば三人ほどのグループで話しても一人の学習者が話す時間は確保できます。

ブックトークのときに、時間に気が回らずに一人で話し続ける学習者がいます。本の内容がおもしろくて、それを伝えようと話が長くなる場合もありますが、多くの場合は話すのが苦手だったり、いつも冗長だったりするといった個人の特性によります。一人の学習者があまり長く話しすぎないように、教師はブックトーク中に机間巡視をして、そのような学習者がいたら話をまとめるように促します。また、タイマーをセットしておいて、時間が来たら強制的に次の人に交代させるようにしておくと、時間の不公平が起こりにくくなります。

ブックトークでは、主にその日に読んだ本のうち、印象に残った本やおもしろかった本を紹介し、感想を述べます。ある程度あらすじを紹介する

第3章　実践編

ことはありますが、あらすじの紹介で終わらないように注意が必要です。あらすじをすべて話してしまうと、その本をまだ読んでいない人にネタバレしてしまい、その本を読む楽しみが薄れてしまいます。また、重要なのは話のあらすじではなく、それを読んでどのように感じたか、どうして紹介したいと思ったか、どのような場面が印象的だったかという個人の意見です。同じ作品を読んでも、評価は人によって異なりますし、興味を持つポイントも違います。それを紹介し合うのが、このブックトークの主な目的です。

　このように、「導入→多読→ブックトーク」のルーティンを作っておくと、毎回の授業が円滑に進みます。学習者もこのルーティンに慣れると、自主的に授業前に本を並べるのを手伝ってくれたり、教卓付近に学習者の読書記録を置いておいたら自分で取りに来たり、多読の時間が始まる前にその日読む本を取りに行ったりします。また、ブックトークがあるとわかっていれば、その日に紹介する本をどれにしようか意識しながら読むので、スムーズにブックトークに入れます。

【多読授業を行う時間帯】
　カリキュラムに多読を導入することを検討する際には、一日の授業のうち何時間目に多読の授業を行うのかも考慮できるとよいでしょう。多読は各自が静かに読む時間が長いので、その日の最初の授業に行うと、常習的に遅れて来る学生が現れます。個人作業で、自分のペースで進めればよいので、遅れることへの心理的な抵抗感が下がるようです。また、午後の最初の授業も避けたほうが無難です。多読の授業では、静かな音楽を流したりして、読むときにリラックスできるような環境作りに努めますが、昼食を食べた後は、これがあだとなります。昼食を食べておなかがいっぱいになると、読書が好きか嫌いか、授業に対してまじめかそうでないかに関わらず、生理的現象として眠くなってしまうことがあります。
　反対に、望ましい時間帯は、昼休み前か、放課後前の時間です。多読をすると、どうしても本の途中で授業時間が終了することになります。きり

94

のよいところで読みの時間が終わればいいのですが、ほとんどがそうではなく、中途半端なところで授業が終わってしまって、本の続きがどうなるのか気になります。そんなとき、もし多読の授業が昼休み前か放課後前であれば、授業後も続けてその本を読むことができます。

　また、授業の最後にブックトークをした場合、他の人が紹介した本を読みたいと感じることが多々あります。しかし、ブックトークは授業の最後なので、その本を読むのは次回の多読の時間となります。1週間に1回の授業であれば、その本が読めるまで1週間時間が空くことになり、次の授業が始まったときにはその意欲が薄れていたり、すっかりそのことを忘れていたりします。しかし、多読の授業の後に昼休みなどの時間があれば、他の人が紹介した本をその場で手に取ることができます。

▎14-1-2　10分間読書のように毎日少しずつ多読活動

　日本の小学校・中学校・高校では、ホームルームや授業前の時間を使って毎朝10分程度読書の時間を設ける、「朝の読書」の活動を行っている学校があります。「がっつり多読授業」をしたいけれどカリキュラムにその時間がとれない場合など、朝の読書のように、毎日10分程度読書の時間を設けて多読を行う方法があります。

　30分や1時間など、長い時間読書をするには集中力が続かない学習者であっても、10分程度の読書時間であれば集中力が持続できる場合も多いです。10分という時間は長くはなく、読みに集中していると10分はあっという間に過ぎてしまいますし、ほとんどの場合、本の途中で時間が来てしまいます。しかし、見方を変えればこの短さが「もうちょっと読みたい」という学習者の渇望感となり、授業外での自主的な読みにつながることもあります。さらに、毎日読むことで、読む習慣がつきやすいという利点もあります。最初は10分で1冊が終わらなかったけれど、毎日読んでいるうちに10分で1冊読み終えるようになったというような、読むスピードの向上を実感できる機会になる可能性もあります。

　忙しいカリキュラムの中でも、10分であればどうにか確保できるという場合も多いと思います。ぜひ10分でも多読の時間を作ってほしいのです

第3章　実践編

が、この場合の最大の問題点は読み物の準備にあります。「がっつり多読授業」であれば、1授業時間を丸ごと多読に使うので、授業の最初に読み物を並べてあとはゆっくり読めばいいのですが、10分しか時間がない、しかも何かの授業の最後10分を多読に充てる場合などは、読み物を並べる時間がありません。この場合は、本の平置きは諦めて、縦置きの本から選ぶようにします。その際に、多読用書籍のリスト（⇒p.111）があると、学習者が本を選ぶときの時間のロスを減らせます。また、読書記録をゆっくり書いている時間もないので、記録は本のリストに読んだ物をチェックする程度にとどめておきます。

　10分間読書を行う時間帯も、「がっつり多読授業」のように昼休みや放課後前に設定しておくと、時間外の自主的な読みにつながる可能性があります。朝一番のフレッシュな頭で集中して読むのもいいですが、課題もなく読むことだけを楽しめる多読をその日の最後の授業の最後の時間に設けて、「一日のご褒美」として行うのもよいでしょう。

▍14-1-3　たまに空いたスキマ時間に行うお試し多読

　びっしり詰まっているカリキュラムでも、授業によっては少し時間に余裕があるときがあります。例えば、1コマの授業に対して学習項目が少なかったときや、テストの時間だけれどテストに1コマも使わなかったときなどです。そのような時間があらかじめわかっていれば、そこに多読の活動を入れることができます。継続的で定期的な活動ではないですが、多読を体験するにはよい機会です。教師も学習者も多読を実践したことがない場合、まずはスキマ時間にやってみると、多読がどのような活動なのか体験することができます。そこで実践上の課題がわかれば、その対策を行ったうえでカリキュラムに加えることもできますし、何度か多読を試してみるうちに、学習者が多読へ関心を持つようになることも考えられます。少しずつでもやり方にも慣れていけば、その後継続的に多読を行うことになった場合にも円滑に開始できます。

　スキマ時間に行う場合も、多読の読み物は持参して教室に持ち込むことになります。ふつう、日本語のクラスは習熟度別に分かれていることが多

いので、そのレベルに合った読み物だけを持って行けば済みます。あくまでお試しの活動になるので、読み物は、よりやさしいレベルのものを持参するようにして、辞書を使わずに読む体験ができるようにするとよいでしょう。お試し多読を通して多読に関心や興味を持った学習者がいたときに、自習室に本を置いておくなど継続して多読ができるような環境をあらかじめ整えておけば、スキマ時間の多読の意義も高まります。

　スキマ時間の多読が最も取り組みやすく、教師にとっても多読を始める第一歩となるのではないでしょうか。

14-1-4　テスト対策としての短期集中型多読

　多読の効果の一つは、読みの流暢さが向上することです。それを最も実感する状況がテストです。読みの流暢さは、それまでに読んできた量に影響を受けるので、日本語能力試験や日本留学試験など、重要な大規模試験の前に集中的に多読を実践するというのも一つの方法です。

　特に多くの非漢字圏日本語学習者にとっては、読解分野は鬼門です。漢字が読めない、単語がわからなくて先に進めない、長い文章を読んでいると途中でわからなくなる、ということはよくあります。大規模試験では、当然辞書は使えません。しかし、多読では、辞書を使わずに読みますし、わからないことばを無視したり、意味を推測したりしながら長い文章を読みます。それを何度も繰り返すことで、辞書を使わないことや、文脈から未知語を推測すること、文章全体の流れを把握しながらも一部を飛ばして読むことなどに慣れていきます。もちろん、多読では自分の日本語レベルよりもやさしい読み物を読むので、大規模試験で出題されるような読み物とは難易度が異なります。しかし、多読である程度まとまった分量の読み物を辞書なしで読めるという経験を積むことで、長文に対して臆することなく取り組めるようになるはずです。

　頭の中を「母語に翻訳して読むモード」から「日本語でそのまま読むモード」に変えるために、多読を行うことは意味があることだと思われます。1日1時間の多読を2週間（10日間）程度続けるだけでも、読みの流暢さの向上に効果があるはずです。読解に苦手意識を持っていて、そこか

第3章　実践編

ら抜け出せない学習者を担当している教師は、一度アプローチを変えて、多読の実践をしてみると、ブレイクスルーが生まれるかもしれません。

14-2　課外で行う場合

正課の授業内で多読を実践できない場合は、課外の授業で行うこともできます。例えば、放課後の時間を使って行う、宿題として行うなどです。ここでは、課外で多読を実践する四つの方法について説明します。

E）希望者や読解が苦手な学習者を募って補講
F）家庭学習や宿題
G）自習

14-2-1　希望者や読解が苦手な学習者を募って補講として行う

正課の授業内で多読を行えない場合、授業外の補講として多読を行う方法もあります。カリキュラムの中に多読を入れられない、学校内で多読の理解が広まっておらず授業内で実践できない、教師自身が多読の経験がなくていきなり正課の授業でやることを躊躇するなどの場合は、まずは補講の形で多読を行うとよいでしょう。読解が苦手な学習者や精読ではあまり成績が伸びていない学習者、日本語で本を読みたいと思っている学習者や読書好きの学習者など希望者を募って行います。

補講で行う場合も、授業内での多読と同じように、最初にオリエンテーションを行って、多読について十分に説明しておきます。補講の場合、希望者だけが参加するので、学習者一人ひとりの動機づけは高いはずです。1か月間続けてみる、とにかく多読の本を100冊読んでみる、日本語能力試験まではがんばるなど、それぞれの到達目標を明確化しておくと動機づけも維持できます。そうは言っても、補講という特性上、強制力はないので、継続的に続けていくと参加する学習者の数も減っていくでしょう。定期的、継続的に行うには教師の負担も大きいので、学習者の人数が一定の基準を下回ったら家庭学習に移行したり、自習に移行したりしてもよいで

しょう。

14-2-2　家庭学習や宿題として多読を実践する

　学校の中で多読を行う時間や機会がなければ、家庭学習や宿題として行うことも考えられます。そのためには、いくつか準備が必要です。

　まず、学習者が多読のやり方を知っておかなければなりません。実際に読む活動を自宅で行うにしても、多読のやり方や意義を説明するオリエンテーションは授業内に行って、しっかり理解してもらっておかないと、精読の宿題と同じような読み方になってしまいかねません。**14-1-3**で示したような授業のスキマ時間でお試し多読をして、そのうえで宿題として多読をするような方法であれば、誤解なく家庭でも多読ができるはずです。スキマ時間のお試し多読も実施することができなければ、1時間だけどこかの時間を取って、オリエンテーションと多読がどのようなものか体験する活動をするとよいでしょう。

　多読は一人で静かに読む作業が中心となるので、家庭学習でも行えるのであれば、それに越したことはありません。多読の目的や方法は理解したけれど、それでもやはり学習者が読んでいる間に教師が積極的に介入しないような活動を授業中に行うのは抵抗があるという教師や学習者にとっては、家庭学習で行うようにすれば心理的な抵抗感は少なくなります。

　家庭学習で多読を行うときには、学習者に本を貸し出すことになります。学外の図書館などで学習者が自分で借りられるのであればそれを利用する方法もありますが、仮に図書館に多読用の本があったとしても、学習者が自分で図書館まで行って本を借りるという作業を継続的に行うのは難しいでしょう。学校の本を貸し出すのが現実的ですが、破損や紛失には注意が必要です。

　本を貸し出す際には、必ず貸し出し簿をつけるようにしますが、学習者の人数が多いときは貸し出し簿に記入するだけでも時間がかかります。筆者は学習者に借りる本を手に持ってもらい、それを写真に撮って記録していました。ウェブ上のフォームを使って誰が何を借りたか入力することも試しましたが、ちゃんと入力したかを確認することがその場で即時にでき

99

なかったため、結局入力された内容と持ち帰る本を照らし合わせる必要があり、うまくいきませんでした。それで、写真を撮っておく方法に変えました。

図28　貸し出し簿代わりの写真

　家庭学習で多読を行う場合、一人の学生が借りられる本の冊数は限られます。学生一人が一度に4冊も5冊も借りると、あっという間に本が足りなくなります。しかし、1冊借りることを毎日繰り返すことはできます。仮に毎日1冊借りるとすると、週末を除いて1週間で5冊程度読むことになります。「がっつり多読授業」で1週間に1回50分の授業を行ったとしても、その時間で読めるのは、レベル1、2の読み物でも2〜4冊程度です。家庭学習で毎日1冊ずつ借りればその数に匹敵するかそれ以上の冊数が読めるので、十分効果は期待できます。2日に1冊でも3日に1冊でもいいので、定期的に借りて自宅で読むという習慣ができれば、自律的な読み手へ一歩近づきます。

　家庭学習での多読は学習者の自主性に頼る部分が大きく、動機づけの低い学習者にはあまり効果が期待できないかもしれません。一方、もともと読書が好きな学習者には、日本語での読書を進めるよい機会を提供することになります。

14-2-3　自習として行う

　補講にも教師の手が回らないという場合は、自習として学習者が多読を

できるように本と場所を提供するということも考えられます。その場合も、最初に多読のやり方についてのオリエンテーションを行います。学内に多読の書籍を備える図書室や自習室があれば、学習者はそこで多読が行えます。自習による多読は学習者の自主性に任せるようになるので、なかなか続かずに、すぐにやめてしまうことがあります。せっかく多読を始めた学習者が根気よく継続できるように、教師は学習者が多読をしていることに気がついたら、定期的に声をかけるとよいでしょう。

　また、図書室や自習室など多読のための決まった場所を準備できない場合は、教師が管理する書籍をそのつど貸し出すという方法を採ることもできます。その場合は、本を貸し出す際に多読の進捗について確認します。自習で多読する場合でも、教師が気にかけているという積極的な声掛けや関与が、学習者の継続につながるはずです。

14-3　本の提供だけをする場合

　多読の場所も準備できないし、本の貸し出しに対応することもできない。しかし、チャンスがあったら興味のある学習者には多読を知ってほしいという場合は、学級文庫のように多読の書籍を置いておくだけという方法もあります。

　小学校の学級文庫は常に教室に置かれており、児童は休み時間などに興味があったら手に取って読みます。それと同じように、日本語学習の場でも教室に多読向けの読み物を置いておくという方法です。教室に本を常備しておくと、授業に早く来たときや休み時間に、学習者が何気なく手に取ることがあります。偶然そのような機会が訪れるのを待ってもよいですが、本があるという情報提供だけはしておくと、手に取る機会は増えるでしょう。水面に糸を垂らして魚が食いつくのを待つように、いつか誰かが本を手に取るのをじっと待ちます。そして、興味を持って読み始めた学習者がいたら、すかさず声をかけます。

　多読の本は書棚に入れておくとよいですが、立派なものでなくても段ボール箱で作った手製のもので構いません。小さな書棚が一つ教室の隅に

あれば、十分です。学習者の目につきやすいように、1、2冊は表紙が見えるように並べておくと効果的です。

この方法は、最も手がかからないものですが、大学や日本語学校など日本語教育を行う機関は、小学校のように教室が固定されていることが少なく、授業によってその教室に入る学習者が変わります。大学のように、毎時間教室を移動するような、誰がいつその教室を使うのかわからない状況であれば、本棚を常設しておくことはできません。しかし、日本語学校のように、時間帯によって入室する学習者は異なるとしても、その場所を使用するのが日本語学習者だということが決まっているのであれば、読み物を置いておく価値はあります。それをきっかけに、自習や家庭学習での多読につながれば、大成功です。

14-4　教師の関与と自律的な読み手への成長

以上、ここまで多読の実践パターンを八つ挙げて紹介しました。次の図29は、八つの実践方法に教師の関与がどの程度あるかを示しています。

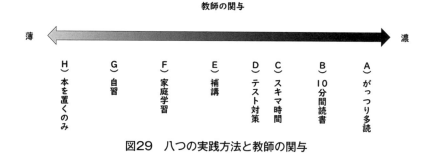

図29　八つの実践方法と教師の関与

どれか一つを選んで実践してみるということでもいいですし、例えば「がっつり多読授業」をやりつつ、宿題として「家庭学習での多読」も行うとより効果的です。教育機関の事情や教師の余力に応じて、いくつかを組み合わせて行うとよいでしょう。

Aの「がっつり多読授業」のように、多読を授業に組み込み毎週継続的

に多読を行う場合は、教師が責任を持って授業設計をし、多読の実践を進めます。日本語学校のように、学習者がその授業を取るか取らないか選択する機会がない場合は、多読に興味がある学習者もそうでない学習者も多読を行うことになります。動機づけの低い学習者や懐疑的な学習者には抵抗感が強く表れることもあるので、しっかりとその意義と効果を説明し、「やってみようかな」「意味がありそうだ」と思ってもらうことが大切です。

　また、やる気のある学習者でも、ずっと多読をしていると飽きてくることがあります。飽きさせないために、教師が読み聞かせをしたり、あるテーマの読み物を集中的に読んだり、本の紹介ポップを作ったり、学外の図書館に行ったりと、いくつかの刺激策を準備しておき、学習者のやる気の維持に努めます。

　一方で、学級文庫のように教室に本を置くだけでも、多読の芽を生み出せる可能性はあります。どの手段を採るにしても、多読に興味を持ったり、自主的に本を読みたいと思ったりした学生が、その手段を得られるように、教師がサポートすることが大切です。学習者に、本を読んでみよう、多読をしてみようという気持ちが生まれたなら、そのやる気を絶やさないように育み、持続するような手段を考えてみてください。

　多読に限らず日本語教育では、「中級の谷」と呼ばれる時期があります。初級の頃は学習するものすべてが新しく、学習すればするほど表現できることも増えて、自分の成長が目に見えます。しかし、中級に入ってくると学習項目も抽象的になってきて、自分が成長しているのかどうか、手応えもつかみにくくなります。この時期、学習に対する動機づけも下がりがちになります。これが中級の谷です。

　同じようなことが多読でも起こります。多読を始めると、学習者はそれまでの授業とは違う目新しさに、最初は興味深く取り組みます。しかし、継続して多読をしていくと、多読の手法にも慣れてマンネリ化し、少しずつ飽きてきます。

図30　自立的な読み手への成長過程と動機づけ

　この時期は、多読がマンネリ化する停滞期ですが、それと同時に理解可能なインプットをどんどん取り入れて日本語能力を地道に蓄えていく成長期でもあります。ここが踏ん張りどころです。教師が励ましたり、新しい読み物を追加したり、気分転換に図書館に行ったり、日本人とブックトークをしたりして、どうにか動機づけを維持し多読を続けていくと、やがてそれが習慣化し、自立した（自律的な）読み手への道が拓けてきます。成熟期に入り、学習者が自律的な読み手になれば、授業で多読を行う必要はなくなります。あとは、学習者の自主性に任せるだけです。

15. 読書記録

　「がっつり多読授業」のようにまとまった時間、継続的に多読を行う場合、読んだ本を記録しておく読書記録を作成します。多読では、基本的に読後の問いやテストがなく、内容が正しく理解できているか、確認されません。しかし、誰が何を何冊読んだかということを教師は把握しておく必要がありますし、学習者も自分が何を読んだかわかるように、記録を取っておきます。ただ毎回読書感想文を書くような大掛かりな課題だと、それが負担となって読むのが嫌になります。そうならないように、記録もできるだけ簡易で負担が少ないものにします。

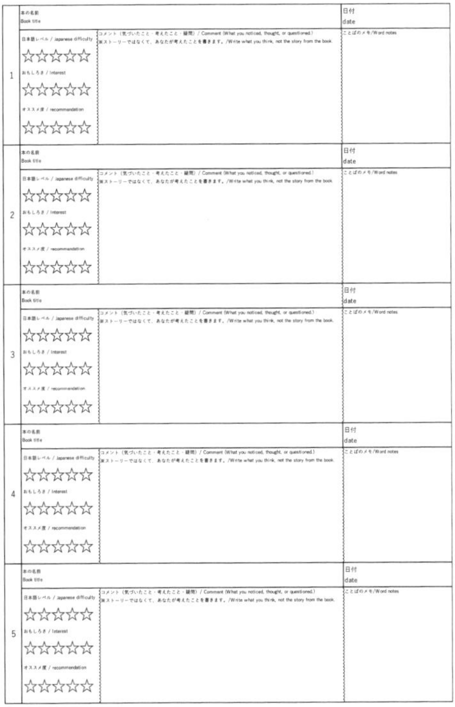

	本の名前 Book title		日付 date
1	日本語レベル / Japanese difficulty ☆☆☆☆☆ おもしろさ / Interest ☆☆☆☆☆ オススメ度 / recommendation ☆☆☆☆☆	コメント（気づいたこと・考えたこと・疑問）/ Comment (What you noticed, thought, or questioned.) ※ストーリーではなくて、あなたが考えたことを書きます。/Write what you think, not the story from the book.	ことばのメモ/Word notes
	本の名前 Book title		日付 date
2	日本語レベル / Japanese difficulty ☆☆☆☆☆ おもしろさ / Interest ☆☆☆☆☆ オススメ度 / recommendation ☆☆☆☆☆	コメント（気づいたこと・考えたこと・疑問）/ Comment (What you noticed, thought, or questioned.) ※ストーリーではなくて、あなたが考えたことを書きます。/Write what you think, not the story from the book.	ことばのメモ/Word notes
	本の名前 Book title		日付 date
3	日本語レベル / Japanese difficulty ☆☆☆☆☆ おもしろさ / Interest ☆☆☆☆☆ オススメ度 / recommendation ☆☆☆☆☆	コメント（気づいたこと・考えたこと・疑問）/ Comment (What you noticed, thought, or questioned.) ※ストーリーではなくて、あなたが考えたことを書きます。/Write what you think, not the story from the book.	ことばのメモ/Word notes
	本の名前 Book title		日付 date
4	日本語レベル / Japanese difficulty ☆☆☆☆☆ おもしろさ / Interest ☆☆☆☆☆ オススメ度 / recommendation ☆☆☆☆☆	コメント（気づいたこと・考えたこと・疑問）/ Comment (What you noticed, thought, or questioned.) ※ストーリーではなくて、あなたが考えたことを書きます。/Write what you think, not the story from the book.	ことばのメモ/Word notes
	本の名前 Book title		日付 date
5	日本語レベル / Japanese difficulty ☆☆☆☆☆ おもしろさ / Interest ☆☆☆☆☆ オススメ度 / recommendation ☆☆☆☆☆	コメント（気づいたこと・考えたこと・疑問）/ Comment (What you noticed, thought, or questioned.) ※ストーリーではなくて、あなたが考えたことを書きます。/Write what you think, not the story from the book.	ことばのメモ/Word notes

図31　読書記録の例

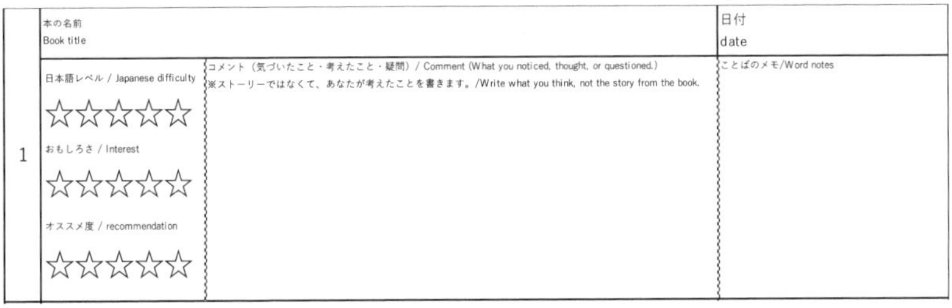

	本の名前 Book title		日付 date
1	日本語レベル / Japanese difficulty ☆☆☆☆☆ おもしろさ / Interest ☆☆☆☆☆ オススメ度 / recommendation ☆☆☆☆☆	コメント（気づいたこと・考えたこと・疑問）/ Comment (What you noticed, thought, or questioned.) ※ストーリーではなくて、あなたが考えたことを書きます。/Write what you think, not the story from the book.	ことばのメモ/Word notes

図32　1回分の記録

筆者が多読の授業で使っている読書記録には、以下の六つのことを記載するようにしています。

1）通し番号

2）本の名前

3）日付

第3章　実践編

4）本の評価

5）コメント

6）ことばのメモ

1）通し番号をつけておくと、その人が何冊本を読んだかすぐにわかります。読書記録は5冊分の記入欄を1枚の紙に印刷して配付するので、両面印刷すると考えて1〜10の通し番号は先に記載しておきます。汎用性を考えて2枚目からは通し番号の入っていない用紙を配り、学習者が自分で番号を記入します。

通し番号を記入したら、2）読んだ本の名前と3）日付を記入します。読書記録はその本を読み終えたときに記入するので、日付も読み終えた日を記入します。その本を読んで、4）そこに書かれていた日本語が難しかったか（日本語のレベル）、その本はおもしろかったか（おもしろさ）、他の人に薦めたいか（オススメ度）を、星を塗りつぶして記入します。このとき、日本語のレベルは、星を塗りつぶす数が多いほど難しいことを、おもしろさとオススメ度は、塗りつぶす数が多いほどおもしろい、オススメ度が高いことを最初に確認しておきます。塗りつぶす星の数は、まったく塗りつぶさない0から、すべてを塗りつぶす5までの6段階ですが、半分だけ塗りつぶす学習者もいます。塗りつぶすのが面倒であれば、数字を書く、もしくは先に記載しておいた数字に○をするような形でも構いません。できるだけ記入の負担が少ないように工夫します。

次に5）コメントを書きます。コメントによって学習者がその本を読んで何を思ったのか、どのような点に注目したかなど、学習者の思考の一端を知ることができます。筆者の場合、大学の授業で多読を行ったため成績を出す必要があり、多読を評価しなければなりませんでした。その際、本を読んでどのようなことを考えたか表現するということも評価基準に含んでいたので、コメント欄を設けました。しかし、少量であってもコメントを書くことは負担が大きいので、特に必要がなければ省いても構いません。学習者の感想にも「本を読むことは楽しかったが、感想を書くのは苦しかった」という記述が散見されます。多読は読むことが目的で、表現す

ることは副次的な要素です。コメントを書く場合であっても、負担を軽減するために、日本語に限らず英語など教師が理解できる言語で書くことを認めるなど、配慮できる部分は配慮します。コメントを書くときには辞書の使用を認めても構いません。

　またコメントは、作品に対する否定的、批判的なものでも構わないことを学習者に伝えておきます。当然学習者には好みがあるので、同じ本を読んでもおもしろいと感じる人もつまらないと感じる人もいます。つまらないと感じたならば、どうしてつまらなかったと感じたのか、その理由を記述するように指示しておきます。

　コメントを書く際、学習者が話のあらすじを書くことがよくあります。読んだ内容をまとめる意図で書くのであればそれでいいのですが、読んだ感想や意見を書いてもらいたいのであれば、あらすじは必要ありません。あらすじとコメントの違いがわからない、または感想を書くのが苦手な学習者もいるので、例を示しながらオリエンテーションやその他の機会でコメントの書き方について説明しておきます。それでもあらすじを書く学習者に対しては、読書記録を返却するときや、学習者の多読中に教師から再度説明するとよいでしょう。

　コメントの例として、「多読ライブラリー」のレベル3『アラジンと魔法のランプ　〜『アラビアン・ナイト』より〜』を読んだ二人の学習者のコメントを紹介します。一つはあらすじだけを書いているもの、もう一つは感想を書いているものです。

〈あらすじを説明しているＡさん〉

　アラジンが男に言われたとおりに階段を下りていくと、そこには古くて汚いランプがありました。そのランプをこすると大きな男が出てきます。その大きな男は願いをかなえることができます。アラジンはそのランプを利用していろいろな願いをしました。ある日、魔法使いはアラジンのランプを得て使いました。お姫様とアフリカに運びました。指輪を触って大男が出て、姫様を助けました。

第3章　実践編

〈感想を書いているBさん〉

> 　ちいさいころにも読んだ物語と思います。今回は復習の気持ちを
> もって読みました。アラジンは善良とはいえない男だと気づきまし
> た。

　Aさんのコメントの分量は多いですが、あらすじの説明にとどまってい
ます。自分がどう感じたかを知りたいところです。一方、Bさんのほうは
短いですが、なぜその本を読んだのか、本を読んで気がついたことが書か
れています。ただ、なぜ「アラジンは善良とはいえない男」だと気づいた
のかについては気になりますが、詳しい説明がありません。このような場
合、読書記録を返却する際に学習者に質問するとよいでしょう。また、コ
メント欄に付箋を貼っておいて、読書記録の次の提出時に追記してもらう
という方法もあります。
　あらすじではないのですが、その作品に対する評価や日本語の難しさ、
どのような学習者に薦めるかといった作品自体にコメントする学習者もい
ます。次の二つは、「多読ライブラリー」レベル0の『木村家の毎日　「た
だいま」』を読んだ学習者のコメントです。

〈本の評価を書いているCさん〉

> 　簡単に書いたわかりやすい物語です。お母さんの誕生日になりま
> した。女の子とお父さんはいろいろ準備しました。この物語を通し
> て、子供たちは「ただいま」「おかえり」という日常用語が覚えら
> れます。

〈感想を書いているDさん〉

> 　「ただいま」はとても普通の言葉だけど、愛が含まれる言葉で
> す。家に帰ったとき「ただいま」を言って、そしてだれが「おか

108

えりなさい」と返事したら、幸せなことだと思います。

　Cさんのように読んだ本に対して一歩引いた視点から評するのは悪いことではないのですが、このような記述ばかりだと本の紹介になってしまいます。このような記述がずっと続くようであれば、本の内容についても言及するように指摘してもよいでしょう。

　読書記録を確認する際には、学習者が書いたコメントにできる限り一言コメントを返すようにします。すべてのコメントに一言返す必要はなく、特に気になる記述に対してでよいですが、教師からのメッセージが一言でも書いてあると、学習者のコメントを書く動機づけになります。学習者から「先生からのメッセージがあったので、先生が全部のコメントを読んでいることがわかりました」と言われたことがあります。多読では、一人の学習者が1時間に何冊も本を読んでそのつどコメントを書きますし、多読を行う人数が多くなると教師が確認する読書記録も膨大な量になります。それでもコメントを添えることで、ちゃんと見ているというメッセージを伝えることができます。

　最後に6）ことばのメモです。多読では、辞書を使わずに読みます。それができるように、学習者は辞書なしで読めるような自分の日本語レベルよりやさしいレベルの読み物を読みますし、わからないことばがあるときは読み飛ばしたり、意味を推測したりします。それでもやはり辞書を使いたくなるときがあります。専門的なことばだったり、見たことがあるけれど意味を忘れてしまったことばだったり、推測してみたけれどその推測が合っているか自信がないことばだったり、調べたくなることばの種類はさまざまです。特に、その本の中に何度も出てくるキーワードだけれど、いまいちよく意味が理解できないことばについては、どうしても知りたくなります。それを調べられなければ、イライラもします。このような、「その語が現われるたびに『いらいらする！』語」に限っては、辞書の使用を認めるのも一つの方法です（クラッシェン・テレル, 1986, p.200）。しかし、一度調べ始めると、このことばも、あのことばも、と辞書使用の連鎖が始まります。特にまじめな学習者ほど文章を完ぺきに理解したいと思っ

て、辞書なしでも推測できた語まで調べるようになってしまいます。そうなると、せっかく辞書を使わないで読む姿勢を築いてきたのが、台なしになってしまいます。

その解決方法が、ことばのメモです。この欄に学習者は知らないことばやわからないことば、辞書で調べたいことばをメモしておきます。そして、その本を読み終わって読書記録を記入するときに、辞書を使って調べます。読書記録を書くときには、読んだ本はまだ手元にあるので、調べた意味を本に戻って確認することができます。調べたかったことばの意味がわかったうえでもう一度その本を読むと、より理解が深まりますし、辞書を使って意味を確認することで語彙学習にプラスの効果があることも指摘されています（Nation & Waring,2020, 原著p.74, 訳本p.106）。

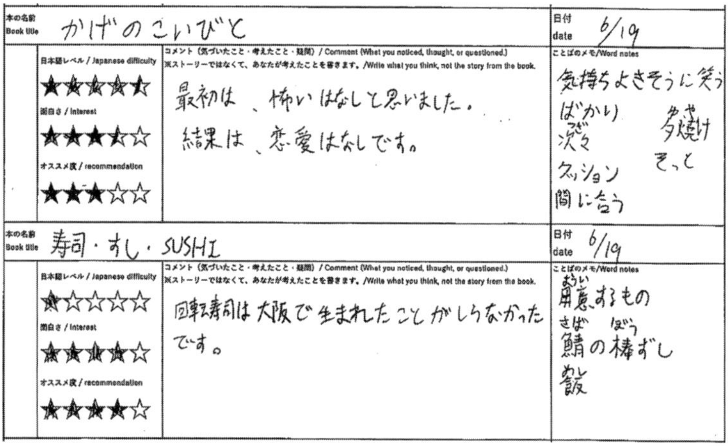

本の名前 Book title　かげのこいびと
日付 date　6/19
日本語レベル / Japanese difficulty　★★★★★
面白さ / Interest　★★★★☆
オススメ度 / recommendation　★★★☆☆
コメント（気づいたこと・考えたこと・疑問）/ Comment (What you noticed, thought, or questioned.)
※ストーリーではなくて、あなたが考えたことを書きます。/Write what you think, not the story from the book.
最初は、怖いはなしと思いました。
結果は、恋愛はなしです。
ことばのメモ/Word notes
気持ちよさそうに笑う
ばかり
次々（つぎ）
クッション
間に合う
夕焼け（ゆうや）
そっと

本の名前 Book title　寿司・すし・SUSHI
日付 date　6/19
日本語レベル / Japanese difficulty　★☆☆☆☆
面白さ / Interest　★★★★☆
オススメ度 / recommendation　★★★★☆
コメント（気づいたこと・考えたこと・疑問）/ Comment (What you noticed, thought, or questioned.)
※ストーリーではなくて、あなたが考えたことを書きます。/Write what you think, not the story from the book.
回転寿司は大阪で生まれたことがしらなかったです。
ことばのメモ/Word notes
用意（ようい）するもの
鯖（さば）の棒（ぼう）ずし
飯（めし）

図33　初級学習者のことばのメモの例

このことばのメモは、その学習者の未習語彙リストにもなります。学期が終わったときにこのリストを見返せば、学習者が自分でどのような語が未習だったのか、それが今では理解できる語となったのか、振り返ることができます。また、そのことばを見ただけで、読んだ本の内容が思い出されることもあります。

ことばのメモは、読んでいる途中は辞書を使わないことを補償するだけでなく、学習者の語彙習得を自ら確認できる材料にもなります。

16. 多読用書籍のリスト

　読書記録をつけるほどではなかったり、できる限り読後の作業を減らして読みの時間を確保したりしたい場合などには、多読用書籍のリストを配付して読んだ本に印をつけるようにすると、簡易的に学習者の読書を把握できます。

☑	レベル	タイトル		日
☐	0	桜	さくら	
☐	0	大豆	だいず	
☐	0	木村家の毎日「いってきます」	きむらけのまいにち「いってきます」	
☐	0	木村家の毎日「いただきます」	きむらけのまいにち「いただきます」	
☐	0	木村家の毎日「一郎、学校で」	きむらけのまいにち「いちろう、がっこうで」	
☐	0	西町交番の良さん「交番はどこ？」	にしまちこうばんのりょうさん「こうばんはどこ？」	
☐	0	風と太陽　〜イソップ物語より〜	かぜとたいよう　〜イソップものがたりより〜	
☐	0	木村家の毎日「ただいま」	きむらけのまいにち「ただいま」	
☐	0	木村家の毎日「お正月」	きむらけのまいにち「おしょうがつ」	
☐	0	西町交番の良さん「にわにわに？」	にしまちこうばんのりょうさん「にわにわに？」	
☐	0	西町交番の良さん「助けて！」	にしまちこうばんのりょうさん「たすけて！」	
☐	0	これは何の数字？　〜数字で見る日本〜	これはなんのすうじ？　〜すうじでみるにほん〜	
☐	0	ウサギとカメ　〜イソップ物語より〜	ウサギとカメ〜イソップものがたりより〜	
☐	0	西町交番の良さん「良さんのクリスマス」	にしまちこうばんのりょうさん「りょうさんのクリスマス」	
☐	0	西町交番の良さん「落とし物がいっぱい」	にしまちこうばんのりょうさん「おとしものがいっぱい」	
☐	0	東京の電車	とうきょうのでんしゃ	
☐	0	木村家の毎日「結婚式」	きむらけのまいにち「けっこんしき」	
☐	0	七夕　−織姫と彦星の話−	たなばた−おりひめとひこぼしのはなし−	
☐	0	田舎のネズミと町のネズミ	いなかのネズミとまちのネズミ	
☐	0	屋久島	やくしま	
☐	0	私はだれでしょう？	わたしはだれでしょう？	
☐	0	おもしろい！日本のトイレ	おもしろい！にほんのトイレ	
☐	0	きょうだい−明と由香の一年	きょうだい−あきらとゆかのいちねん	
☐	0	ニホンザル	ニホンザル	
☐	0	キツネとカラス・ネズミの相談	キツネとカラス・ネズミのそうだん	
☐	0	ロボットD大−「はじめまして」「いただきます」	ロボットD−「はじめまして」「いただきます」	
☐	0	子猫ユキ	こねこユキ	
☑	レベル	タイトル		日
☐	1	女の子	おんなのこ	
☐	1	ハチの話	ハチのはなし	
☐	1	ジョンさん日本へ	ジョンさんにほんへ	
☐	1	浦島太郎	うらしまたろう	
☐	1	笑い話	わらいばなし	
☐	1	タクシー	タクシー	
☐	1	寿司・すし・SUSHI	すし・すし・SUSHI	
☐	1	笠地蔵	かさじぞう	
☐	1	ジョンさん　バスの中で	ジョンさん　バスのなかで	

図34　多読用書籍のリスト

　これは「多読ライブラリー」「多読ブックス」に収録されている読み物をレベルごとにリストにしたものです。「多読ライブラリー」と「多読ブックス」は同一のレベル基準で作成、レベル分けされているので両者を合わせて一つのリストにしています。レベル0からレベル4（5）です

111

第3章　実践編

べてを記載したものを学習者に配付し、学習者は読んだ本のところに
チェックマークとその日の日付を記入します。段階別読み物に限らず、
『どんどん読める！　日本語ショートストーリーズ』や絵本など多読のた
めに用意したすべての本に対して同様のものを作成しておくと、漏れなく
記録を残すことができます。また、学習者はこのリストから、次に読む本
を選ぶこともできます。チェックマークと日付を記入するだけなので、手
間はほとんどかかりません。

　本の一覧があると教師も学習者も読書の記録を管理しやすいので、この
リストと読書記録の両方を使用してもよいでしょう。

17. 教師の役割

　学習者が本を読んでいる間、教師は何をするのでしょうか。教師の役割
が見えないことは、授業に多読を導入することを躊躇させる要因の一つに
なっています。言語の教育は教師が教えることで達成でき、それがなけれ
ば学習者の言語習得は進まないと考えている教師にとっては、教室で学習
者が静かにひたすら本を読むという状況は、耐えられないものでしょう。
しかし、多読においては、この発想を転換しなければなりません。多読で
は、意味のある理解可能なインプットを大量に得ることによって学習者の
言語の習得が進むと考えます。その理念のもと、学習者の読みが滞りなく
行われ促進されるように、教師は学習者の多読をサポートする役割を担い
ます。

　多読においてまず教師がしなければならないことは、授業の枠組みを構
築することです。カリキュラムや学習者の日本語の習得状況、到達目標や
ニーズを総合的に考えて、多読をどの程度、どのような形で行うのか枠組
みを決定します。一人で読む作業が中心の多読は、学習者が自分で行うこ
ともできます。しかし、よほど強い意志がある学習者や自律的な読み手で
ない限り、ある程度の強制力がなければ、すぐに多読をやめてしまいま

112

す。それを授業という枠組みで行うことで、強制力を持って読む時間を確保するのが、多読を授業で行うことの意味です。また、多読に適した書籍を紹介し、それを揃えて提供することも、授業の枠組みの骨格をなす部分です。さらに、読後に読書記録を課すのか、ブックトークを行うのかなど付随的な活動も含めて、授業として効果的なパッケージングを構築して提供することは、教師だからできることです。

では、1回の授業の中での教師の役割はどうでしょう。役割の中心となるのは、学習者の多読状況を把握し、必要に応じてアドバイスをすることです。それによって学習者の読みが促進されるように、サポートします。

多読を開始すると、教室は静まり返ります。教師はその様子を観察し、それぞれの学習者の読むスピードや何を読んでいるか、集中して読めているかなどを把握します。それら学習者一人ひとりの様子をメモしておくとよいでしょう。学習者の普段の読書状況を把握しておけば、いつもより読書が進んでいない学習者や、難し過ぎる本を読んでいる学習者に気がつき、声をかけることができます。読書が進んでいない学習者に対しては、つまらなそうにしているのであれば他の本を読むように促したり、教師のオススメの本を紹介したりします。学習者の日本語レベルから見て難しすぎるレベルの本を読んでいたら、無理なく読めているか確認し、困難を感じているようであればやさしいレベルの本を読むように促します。学習者はこれまでの自分の学習経験から、学習とは難しいものを勉強することだと思って、多読を開始した直後には難しい本を読むことが多いので、積極的に声掛けをします。

また、本を読み終わった学習者に、その本の感想を聞いてもよいでしょう。学習者が読後に満足そうな顔をしていたらその本がおもしろかったということです。そのようなときは誰かにおもしろさを伝えたい、共有したいと思うので、教師はその聞き役になったり、時にはその本についてディスカッションをしたりします。

さらに、より教師の役割を増やしたいのであれば、読後に口頭で簡単な内容確認の質問をしてもよいでしょう。例えば、教師が多読で使うすべての読み物に簡単な内容確認の質問を準備しておきます。学習者は本を読み

第3章　実践編

終えたら、教師のところに行って教師が出す内容確認の質問に答えます。正しく答えられれば、それでその本を終えて次の本に移ります。本によっては追加の質問をしたり、関連情報を話したりして内容を深めてもよいでしょう。内容質問に正しく答えられなければ、教師と学習者が一緒に本を見て確認をします。このような活動を行えば、教師は学習者が内容を理解しているかをある程度把握でき、また、学習者はその機会に理解しにくかった部分を質問することができます。

　このように、教師は学習者が多読を行っている間にさまざまな声掛けをします。しかし、声掛けや、やり取りの回数があまりに多かったり、時間が長かったりすると、学習者が集中して読む機会を奪うことにもなります。また声掛けは当然声を発するので、他の学習者の読みを妨げることもあります。学習者の様子や、教室全体の雰囲気を見て、どの程度声掛けややり取りをするか判断してください。

　さらに教室の中を歩きながら学習者の様子をうかがっていると、学習者からことばの意味をたずねられることがあります。辞書が使えないので、教師に質問しようというわけです。このような場合は、話の文脈や状況を説明しながらことばの意味を推測させてもいいですし、出し惜しみをせずにことばの意味を説明してもよいでしょう。あえて教師を呼び止めるぐらいですから、よほど知りたいことばであるはずです。また、文化的な背景がわからないために本の内容が理解しにくくて質問する場合もあり、その場で解説することで読みの理解が深まることもあります。学習者からの質問には、積極的に答える姿勢で対応します。「質問がある人は、前に来て教師に聞くように」と指示してもよいですが、わざわざそこまで来て質問する学習者はあまりいません。「次に先生が回ってきたときに、これを質問しよう」と学習者が見込みをつけられるように、定期的に机間巡視をします。

　その他、教師が授業内で行うことの一つに、読み聞かせがあります。段階別読み物の本でも、絵本でも構いません。毎回1冊でも教師が読み聞かせをすれば、よい本を紹介することができますし、その本について教師がどのように思ったかをあわせて紹介すれば、読みのロールモデルにもなります。読書記録でコメントを書くことを学習者に課している場合、教師の

114

感想はその見本にもなります。考えさせるような内容の本を取り上げて読み聞かせをし、それについて学習者同士でディスカッションをするという活動につなげることもできます。

　また、教師自身が多読参加者の一人となることもあります。普段ほとんど本を読まない学習者も、多くの学習者がいる教室でみんなが静かに本を読んでいる環境に入ると、自分も読まなければならないという気持ちになります。他の学習者だけでなく教師さえも静かに本を読んでいる状況であれば、読書習慣がない学習者も周りの雰囲気にのまれて本に向かわざるをえません。多読の教室全体を一つのリーディングコミュニティとして捉え、教師も一人の読み手としてこのコミュニティに参加すると考えることもできます。教師が学習者と一緒になってブックトークを行っても構いません。

　一方、学習者が多読を行っているときに教師がしてはならないのは、「内職」、つまり別の授業の準備や宿題のチェック、テストの採点など、教師が抱えるオフィスワークです。いくら学習者が自分のペースで本を読んでいるからといっても、教師はその授業の責任者で、場合によってはリーディングコミュニティの参加者です。教師が多読に関係のない内職をしていることを学習者が知ると、当然のことながら授業に対する動機づけは下がります。そもそも学習者の様子を常に観察し、必要な助言を与え、読み手としての見本を示すのであれば、内職をしている時間はありません。

18. 評価

　多読を正課の授業で行う場合に、教室運営の他に教師が行わなければならないことがあります。それは、評価です。

　多読と評価は、相性がよくありません。というのは、精読と多読を比較した際にも述べように（⇒p.21）、精読であれば、学習が終わった後にテストを実施してその結果で学習者を評価することができます。一方、多読

第3章　実践編

は内容を楽しみながら読む活動なので、読後の問いがなく、正確に理解できているか問われません。読めたかどうか、どのように読んだかが評価されないことが多読の特徴です。しかし、授業で行う限りは評価を避けることはできません。

　また、多読による日本語力向上の成果は、多読を行って「結果的に」生まれるものです。そのため、精読などの明示的な学習のように学習が達成されたかをテストによって即時的、また直接的に測ることが難しいということもあります。

　だからといって、授業で行ったことを評価しないわけにはいきません。

　評価されないことが特徴の活動を評価するというジレンマを抱えることになりますが、授業としての多読をどのように評価するか、その方法を考えます。ここでは、「読んだことに対する評価」「日本語能力向上に関する評価」「その他」の三つに分けて評価方法を提案します。実際に評価する際には、これらの観点の一つだけで評価するのではなく、複数の観点を利用して総合的に評価することになります。

表5　評価の観点

読んだことに対する評価	日本語能力向上に関する評価	その他
読んだ本の量 読書記録 付随する活動	内容理解力 読みの流暢さ 語彙力	能力記述文による自己評価 ポートフォリオ評価

18-1　読んだことに対する評価

　一つ目は、「読んだことに対する評価」です。多読で学習者は多くの本を読みます。その読むこと自体を評価しようというのが、この観点です。

　最もわかりやすいのは、読んだ本の量です。読書記録を基に、学期期間中に何冊の本を読んだのかを数えて、それを評価の対象とします。読んだ本の数が多ければ多いほうがいいのですが、このとき考慮しなければならないのは、本の冊数で読んだ量を量ると不公平が生じるということです。段階別読み物の下のレベルの読み物は一冊の分量が少ないので、それを多

116

く読んだ学習者は有利になります。日本語の習熟度が低い学習者は、日本語の読み物を読むのが遅いのでレベル１や２の本でもそれなりに時間がかかります。しかし習熟度が高い学習者が、評価をよくするために下のレベルの読み物をあえて読むようなことになると、本末転倒です。そうならないように、本の冊数ではなく文字数を計算して読んだ量を量ったり、レベル０は１冊１点、レベル１は１冊２点のようにレベル毎に得点を変えて読んだ量を算出したりするようにします。

　また、読むスピードは人によって異なります。もともと読むのが遅い人は、同じ授業時間でも読める分量は少なくなります。そのような人でも、時間をかけてたくさん読めば評価されるように、授業外で自主的に読んだものも評価に含めるなど、努力が正当に評価される道は作っておくべきです。

　読んだ本の量を評価に含める場合には、誰がどの本を読んだかわかるように、読書記録や書籍リストが評価の対象となるので、忘れずに記録をつけるように学習者に注意をしておきます。

　読んだ本の量だけでなく、読書記録を評価に含めることもできます。例えば、大学の授業で行う多読において、到達目標として「自分の考えを大学生らしく表現できる」ということを立てていた場合、読書記録のコメントを書くことをその練習と捉え、学期の終わりにそのコメントを評価するという考え方ができます。コメントを評価に含むのであれば、どのような観点でコメントを評価するのかを学習者に伝え、それが達成できるように、学習者が書いたコメントに対してフィードバックをします。

　三つ目の観点は、多読に付随する活動に関するものです。多読の授業において、例えば学期の中間や期末に、ビブリオバトルのようなオススメの本を紹介する機会を設けたり、好きな本のポップを作るような活動をしたりして、それを評価する方法です。発表であれば口頭で行いますし、ポップ作りは書く作業です。これらは読むこととは別の技能を評価することになりますが、読書記録のコメントと同様、読みをきっかけとした活動であり、読んだ内容に関係する活動です。読みをしっかり行っていなければ、オススメの本を紹介することも、おもしろいポイントをまとめてポップを作成することもできません。間接的ですが、読みに関わる能力として評価

第3章　実践編

することに一定程度妥当性はあると言えるでしょう。

　創造的な例を一つ紹介します。纐纈（2019）は、アメリカのノートルダム大学で行った多読の授業の成果として、学期末に学習者が自らの専攻と結びつける成果物を自由に作ることを課題とし、それを評価しています。その授業に参加した学習者は全員何かの作品を作成し、発表します。作品作りの条件は「多読授業にインスパイアされたもの」「準備・作成過程を楽しめるもの」の二つで、その条件を満たしているものであれば、どのような作品を作っても構わないとされています。この課題で学習者は、オリジナルの物語を作ったり、飛び出す絵本を創作したり、新聞やオンラインゲームを作ったりしています。中には、俳句にメロディーをつけてピアノ伴奏をし、歌を披露するというものもあります。この課題の評価は、期限内に提出すれば満点が与えられるようになっていますが、纐纈は多読を含むこのような活動を内容重視の教育（Content-Based Instruction: CBI）として捉えています。この課題に取り組んだ学習者は「わずか1単位の授業のために計り知れない時間を費やし」ていますが、多読とCBIを結ぶこのような活動は、「ごく自然発生的に、学習者側から起きている」のだそうです（纐纈, 2019, p.86）。内容に注目して読む多読の活動が学習者の創造性を刺激し、それを具現化することで日本語の習得を推進するという好例であると言えます。

　このように、読むというインプットの活動から始まって作品を作るというアウトプットの活動につなげることは、内容を楽しむために読むという内容重視の多読活動と親和性が高いと言えます。多読を創造的な活動につなげ、それを評価の観点に加えるのも一つの方法ではないでしょうか。

▍18-2　日本語能力向上に関する評価

　次に日本語能力向上に関する評価について見ていきます。この観点は、テスト等を用いて日本語能力向上に関して直接的に評価しようとするものです。「導入・説明編」の「7．多読の効果」のところで紹介したように、多読によって文章の内容理解力、読みの流暢さ、語彙力の向上が見られる

とされています。それを前提として、多読を行うことでこれらの能力がどの程度向上したかを測り、それを多読を行ったことへの評価とします。内容理解力、読みの流暢さ、語彙力のいずれも、テストによってその伸びを測ろうとするならば、多読の前後で同質のテストを実施して、得点を比較する必要があります。テストを行わないことが多読の特徴の一つでしたが、それはそれとして割り切って考え、多読の成果としてどのくらい読解に関わる能力が向上したのかテストで測ってみようとするのです。

　では、現場で使えるテストにどのようなものがあるのか、順に見ていきます。

18-2-1　内容理解力

　まず内容理解力です。内容理解力を問う場合は、一般的に知られている大規模試験である日本語能力試験を使用すると便利です。学習者の日本語習熟度に適したレベルの日本語能力試験の読解分野の過去問題を利用して、事前、事後テストを実施します。現在日本語能力試験の本試験は非公開ですが、問題集は数多く出版されています。また、2010年の試験改定以前の旧試験は過去問題が出版されていて、各問題の難しさなどの特性も公開されています*18。これを使って学習者の習熟度に合った内容理解力を測るテストを作って、実施します。日本語能力試験は、受験レベルが分かれているので、学習者の習熟度によって使用する問題のレベルを変えたり、複数のレベルの問題を組み合わせて一つのテストを作ったりします。いずれの場合でも、事前と事後にテストを実施するので、2バージョン作ることが望ましいでしょう。

　多読で読む段階別読み物は物語が多いのに対して、日本語能力試験で出題される文章は説明文や論説文、意見文が多いので、読み物のジャンルが異なります。また、時間を気にせず内容を楽しんで読む多読と、時間が限られたなかで質問に答えるために読むテストでは、読み方も違います。多読の成果をこのようなテストで測ることが妥当かという問題はあるのです

＊18　試験問題の特性は『日本語能力試験分析評価に関する報告書』に記述されています。過去問題とともに絶版ですが、国会図書館などに行けば閲覧できます。

第3章 実践編

が、日本語能力試験は受験を予定している学習者も多く、その伸びが可視
化されれば多読への動機づけにもなるという利点もあります。

18-2-2 読みの流暢さ

読みの流暢さについては、学習者の日本語レベルよりもやさしい読み物
を提示して、1分間に何文字読めるかを測定しておき、多読後にもう一度
同じ読み物を使って測定するという方法があります。英語教育では1分間
に読める単語数（Words per minute）を基準とすることが多いですが、
日本語の場合は単語数を基準とすると、名詞などの自立語と助詞などの付
属語を同じように数えるのか、動詞をはじめとする活用語をどのように数
えるのかなどの問題が生じます。そのため、単語数ではなく文字数で測っ
たほうがよいでしょう（佐々木, 2021）。測定の時間は3分でも5分でも
よいですが、多読の後で読める文字数が多くなれば、読みの流暢さが向上
したと判断して、評価に加点します。

この方法を厳密に行うとすると、学習者が読んでいるときの眼球の動き
を専用の装置で測定、記録することになります。しかし一日本語教師がそ
のような機材を購入し、学習者全員の眼球運動を測定することは、現実的
ではありません。日本語教師が現場でできる方法としては、文章が書かれ
た用紙を学習者に配付し、合図とともに読み始めて、終わりの合図が出た
ら、その時点で読んでいる部分にマークするというものとなるでしょう。
その際、学習者がただ速く読むことだけに注力して、内容理解がおろそか
にならないように内容理解の問題を付すこともあります。また、そのテス
トで使用する読み物も学習者の日本語習熟度によって無理なく読めるもの
とする必要があるでしょう。

18-2-3 語彙力

次に、語彙力についてです。多読によってどの程度語彙が習得されたか
が測定できれば理想的です。しかし、学習者がそれまでどのような語彙知
識を持っていたか、多読で何を読んでどのような語彙知識を得たかは人に
よって異なります。それをテストで測ろうと思うと、学習者一人ひとり

オーダーメードのテストが必要になります。それは難しいので、一般的な語彙知識を測定するのが現実的な手段となります。

　そのためのテストとして、英語教育では、Vocabulary Levels Test（Nation, 1990）などが使われています。日本語教育でもそれを参考に「日本語を読むための語彙量テスト（15K）Ver.2」というテストが開発されています（田島ほか, 2015、佐藤ほか, 2017）。このテストは、使用頻度などをもとにして抽出された読解に必要な語彙について、その意味を四肢選択で答えるもので、初級から上級まで幅広い学習者の語彙の知識量が測れます[19]。

[6000語レベル]

礼儀：　あの人は**礼儀**を知らない。
1）おおよその内容をまとめたもの
2）人間関係を守るための行動様式
3）ものを大切に思う気持ち
4）理論とは異なる現場の仕事

＊実際の問題とは異なる

図35　「日本語を読むための語彙量テスト」の例（田島ほか、2016より）

　このテストはウェブ上で公開されていて、ワードファイルをダウンロードすれば誰でも使えます（松下, 2024）。150問あって最大50分程度かかりますが、問題数を半分にしたバージョンも二つ公開されているので、それを使って多読実施の前後で語彙量が増えたのかを測ることができます。ただ、このテストは読みに関わる広範な語彙知識量を測るものなので、多読で学習者が読んだ段階別読み物の中の語彙をどの程度獲得したのかをピンポイントで知ることはできません。

　また、初級レベルについては、より細かなレベル設定と判定手順が必要であるという開発者の指摘[20]があり、これらのことを念頭に置いたうえで使用する必要があります。とはいえ、語彙量の測定を一教師が行うのは

＊19　詳細については松下ほか（2021）参照。

＊20　開発者との私信による。

第３章　実践編

容易ではないため、語彙増加の一つの指標としての利用価値は大いにあると言えるでしょう。

　ところで、語彙力と言った場合には、単に語彙の知識量だけを問題にするのではなく、未知語を文脈から推測する力を含むこともあります。先にも述べたとおり、学習者が多読において辞書を使わずに読み物を読む場合、未知語が含まれる割合が５％（Laufer, 1989）もしくは、１〜２％未満（Grabe, 2009）である必要があるとされています。言い換えれば、ほとんどは知っていることばだけれど、一部知らない語も含まれているということです。未知語の意味を文脈から推測できるようになることも多読で養われる能力の一つなので、語彙力の向上という意味では未知語の推測力を多読の前後で比較することも考えられます。その場合、学習者が読める文章の中に、造語を含ませてその意味を考えさせるようなテストを作ればよいのですが、ターゲットとなる語以外を学習者が理解していなければならないので、その条件を統制することは容易ではなく、現場の日本語教師が行うにはあまり現実的とは言えないかもしれません。

　以上、多読を行うことで効果があるとされる内容理解力、読みの流暢さ、語彙力の三つの能力についてテストを用いて測定し、それを多読の成果として評価する方法を紹介してきました。テストで測れる能力は限定的です。また同じ読み物でも、テストで読む読み方と、多読での読み方は異なります。さらにテストとなると、読み物自体も多読で読むものとジャンルやレベルが異なることがほとんどです。テストの結果を多読の結果として評価に加えるのであれば、これらのことを考慮しつつ、教師だけでなく学習者もその評価と評価方法、それらを取り入れる割合に納得できるような形で評価する必要があるでしょう。

18-3　その他

18-3-1　能力記述文による自己評価

　続いて、その他の評価方法として、能力記述文（Can-do statements）

による自己評価を紹介します。能力記述文というのは、日本語を使用するさまざまな状況を想定し、その状況を「〜できる」「〜わかる」の文で記述したものです。例えば、「大学の掲示板を見て自分に必要な情報がどこにあるかわかる」や「辞書を使わずに新聞の投書欄を読むことができる」のような文です。このような記述文に対し、学習者が日本語でそれができるか３段階や５段階で自己判断するのが、能力記述文による自己評価です。あくまで自己評価なので主観的なものになりますが、テストでは問題として問えないような個別的・限定的な状況を聞くことができ、回答も数字にマークするだけと簡単なものなのでより多くの項目を問うことができるといった利点があります。文化審議会国語分科会（2021）『日本語教育の参照枠　報告』においても、学習者が「生活、就労、教育等の場面で遂行していく必要がある課題を、言語を学ぶ上での目標として具体的に示したもの」として、技能別に能力記述文を示しています。

　読みに関する能力記述文を使って、学習者自身に多読によってその能力が向上したかどうか自己評価してもらおうというのが、この評価のやり方です。そのために、まずは能力記述文を集める必要があります。自分で作ってもよいですし、以下のサイト *21 を利用して、そこから読みに関するものを集めることもできます。

『日本語教育の参照枠　報告』（文化庁）

　https://www.bunka.go.jp/seisaku/bunkashingikai/kokugo/hokoku/pdf/93736901_01.pdf

「みんなのCan-doサイト」（国際交流基金）

　https://www.jfstandard.jpf.go.jp/cando/top/ja/render.do

「日本語能力試験Can-do自己評価リスト（JLPT Can-do）「読む」」（国際交流基金・日本国際教育支援協会）

　https://www.jlpt.jp/about/candolist_reading.html

＊21　能力記述文に関する三つのウェブサイト：いずれも2024年8月31日にアクセス確認。

第3章　実践編

　文化庁（現在は文部科学省が所管）の『日本語教育の参照枠　報告』は、PDF形式でダウンロードできますが資料全体の分量が多く能力記述文も多岐にわたっているため、読みに関わるものを収集するのに苦労するかもしれません。

　「みんなのCan-doサイト」は、能力記述文のデータベースで、種別、レベル、トピック、カテゴリーなどの条件を指定して、自分の目的や対象に合った記述文を検索できます。キーワード検索で「読む」と検索すると55件の記述文がヒットしますが、読みに関わる記述文はほかにもあり、カテゴリー検索で「受容（理解する）」の部分の「書きことば」を選ぶと167件の能力記述文が提示されます。これらの中から必要な記述文を抽出していくのですが、選んだ記述文はエクセルファイルの一覧としてダウンロードでき、さらに英訳も付されているので、便利です。

自己評価シート　　　　　　　　　　　　　　　　　　　　　　　　　　　　　　　　　　名前：

Can-do本文 (日本語)	Can-do本文 (英語)	自己評価		
機器について、はっきりと書かれた簡潔な説明を理解できる。	Can understand clearly written, straightforward instructions for a piece of equipment.	できない　　　　できる 1 － 2 － 3 － 4	わからない	
旅行中の出来事や感想などが、ある程度詳しく書かれた家族や友人からの手紙やメールを読んで、大部分の内容を理解することができる。	Can read a letter from one's family or friends written in some detail about what happened during a trip and how the senders felt about it, and understand most of the content.	できない　　　　できる 1 － 2 － 3 － 4	わからない	
求人雑誌などの、ある程度長い文章に目を通して、条件や仕事内容など、就職活動のために必要な情報を探し出すことができる。	Can look through texts of some length in, for example, a job recruitment magazine, and find the information necessary to search for a job, such as job requirements and descriptions.	できない　　　　できる 1 － 2 － 3 － 4	わからない	

図36　「みんなのCan-doサイト」の能力記述文を使って作成した自己評価シートの例

　能力記述文を列挙するだけでなく、それぞれに対して自分ができるかどうかを評価するスケールを付します（最右列）。スケールに中央の値（5段階評価なら3）があるものにすると、そこにマークをすることが多くなります。ほとんどの項目で中央の値を選ぶと結局何も読み取れない評価シートになってしまうので、「できる」「できない」のどちらかを選ぶことになるように、スケールの数は偶数にするとよいでしょう。また、能力記述文で示されている状況に遭遇したことがない場合、自分ができるかどうか答えにくいです。そのような場合のために、「わからない」という項目を設けておくこともあります。ただし、実際にそのような状況に接したこ

124

とがないからといってすぐに「わからない」を選んでしまうと、これも情報量のない自己評価シートとなってしまうので、接したときのことを想像して答えるようにあらかじめ指示をしておきます。

「日本語能力試験Can-do自己評価リスト」は、日本語能力試験のN1からN5レベルに該当する能力記述文を整理して一覧の形で提示しています。記述文の項目数は20と多くはないですが、日本語能力試験を目指す学習者向けに必要なものだけを取り出しているので、学習者にとってもわかりやすく、受け入れやすいはずです。自分で能力記述文の取捨選択が難しい人は、まずはこの「日本語能力試験Can-do」を使ってみるとよいでしょう。記述文の各項目に、評価軸のスケールを加えれば、多読学習者向けの自己評価シートができます。

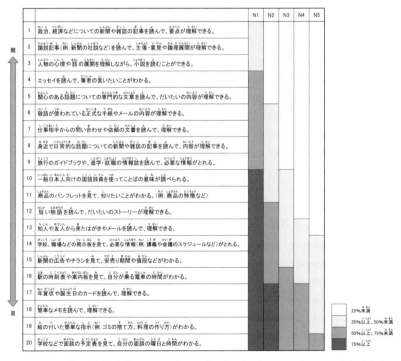

図37　日本語能力試験Can-do自己評価リスト（JLPT Can-do）「読む」
　　　　出典：日本語能力試験公式ウェブサイト（https://www.jlpt.jp/）

第3章　実践編

　いずれの能力記述文においても、リストに示されているものは多読で読む読み物と、分野や場面が異なる場合がほとんどです。しかし学習者がこのような場面を想像することで、自分の読みの活動を内省することができます。

　これを多読の事前と事後に行い、前後でどのような変化があったか比較します。テストであれば、事前より事後の成績が上がれば向上が見られたと解釈できますが、能力記述文の場合は、自己評価です。自己評価は主観的ですし、意図的に評価をよくしたり悪くしたりすることもできます。また、想像しにくい場面の評価は正確ではない場合があります。そのため、能力記述文による自己評価は、日常生活で自分の読みの能力がどの程度向上したと感じるか内省することが重要なことだと考え、学習者がどのような評価をしたかは評価に含まずに内省すること自体が評価に値すると捉えるとよいでしょう。そのため、能力記述文による自己評価を多読の評価に加える場合でも、評価の割合は低くとどめることになります。

18-3-2　ポートフォリオ評価

　最後にポートフォリオ評価について説明します。ポートフォリオとは、画家などが持つ紙ばさみ式の画帳のことで、画家や写真家、デザイナーなどが自分の作品をファイルして仕事を得るために見せる作品集です。それを教育の現場で援用します。教育現場でのポートフォリオは、教育目的に沿って収集した学習者の学習成果のコレクションのことを指します。多読でポートフォリオ評価を行う場合は、読書記録など読みに関する記録や発表原稿などでポートフォリオを作成することになります。

　ポートフォリオ評価では、学習者が自分で学習目標を設定し、その目標に向けて学習を進めますが、その過程を評価対象とします。目標の設定も学習の管理も自らが行うので、学習者の自律的学習を促します。その際、教師は学習者の伴走者となり、学習者とのやり取りを通して、目標到達をサポートします。そして、学習者は、自分の学習を記録するとともに、教師に自らの成長を見せるために、ポートフォリオを作成します。

　では、具体的にポートフォリオを取り入れた授業の手順を見ていきま

しょう。

> ### ポートフォリオの授業の手順
>
> 1）学習者にポートフォリオ作成の目的と手順を説明する
> 2）学習者に現状を認識させる　➡能力記述文
> 3）学習者が自分の到達目標を立てる
> 4）学習計画を教師と話し合う
> 5）学習の過程で使った資料をファイルに蓄積していく
> 　➡元ポートフォリオ
> 6）学習後に元ポートフォリオを見直し、取捨選択を行って整理し、教師に見せる資料だけをファイルに残す
> 7）資料と到達目標を照らし合わせて、振り返り文を書く
> 8）ファイルに目標、資料、振り返り文を入れて提出する
> 9）教師がファイルを見て、感想やアドバイスを書き込む
> 10）学習者にファイルを返却する

（村上、2013, p.232をもとに作成）

　まずは、1）ポートフォリオとは何なのか、どのような手順で作成し、ポートフォリオ評価が成績のどの程度の割合を占めるのかなどをよく説明します。以前の学習者の作成したポートフォリオがあれば、例として見せるとよいでしょう。そして、学習の到達目標を立てるために、2）今、学習者が何ができて、何ができないかを意識化します。このとき、能力記述文を用いると意識化がしやすいでしょう。読解が苦手かどうかや母語で読みの習慣があるか、普段日本語を読む必要性があるか、将来自分がどの程度読めるようになりたいかなどを考慮して、3）到達目標を立てます。目標は、「日本語で流暢に読めるようになる」のような抽象的なものではなく、「辞書を使わずに、村上春樹の短編小説が最後まで読める」のように具体的なほうがよいでしょう。そして、到達目標をもとに、4）学習者と教師が話し合いながら、学習計画を立てます。多読においてはひたすら読み物を読んでいくので、変化のある学習計画にならないかもしれません。

第3章　実践編

そのような場合でも、段階別読み物を基準に、どの程度の期間でどのレベルの読み物まで到達したいか、段階別読み物と併行して絵本や母語話者向けの読み物を読むのかなど、読み物のレベルやジャンルに応じて計画を立てることができます。また、いつまでに何冊読むかを計画に含めてもよいでしょう。学習計画は、授業内のことに限りません。授業外で読むことも含めて計画を立ててください。

　そして、実際に学習を進めていきます。

　学習の過程で出たプリントや宿題、テストの結果、発表の資料など、5）自分の成長過程の記録となるものを集めておきます。これを元ポートフォリオといいます。多読の場合、読書記録はもちろんですが、クラス内でオススメの本を紹介するような活動をしたなら、そのときに使ったメモや発表原稿、スライドをプリントアウトしたものも資料として残します。日本に住んでいたら、毎日の生活でも日本語を読む行為は行っているので、日常で読んだ新聞記事の切り抜きや、初級の学習者であれば読んで意味が理解できた看板やポスターの写真を撮ってプリントアウトしたものを、元ポートフォリオに入れておいても構いません。「日本語能力向上に関する評価」で紹介したようなテストを行うのであれば、その答案用紙を入れておくのもよいでしょう。とにかく、到達目標を達成するのに役に立っていると思われる資料を広く集めておきます。これらは、自己成長の証拠を集めていく作業です。

　そして、学習の期間が終わったら、6）教師に提出する資料を選別します。元ポートフォリオでは関係がありそうな資料を広く集めましたが、ここでは、集めた資料のうち説得力のある資料を残し、それほど重要でない資料は除く作業を行います。最終的にポートフォリオは自分が到達目標を達成するためにどのような努力をして、どれほど目標に近づいたかを表現するものなので、教師に見せるということを意識して選別を行います。このときに、2）で行った能力記述文による自己評価をもう一度行って、学習の前と後を比較した資料も含めるということもできます。

　資料が選別できたら、到達目標に向かって自分がどれほど成長したか、資料を証拠として挙げながら、7）振り返り文を書きます。そして、8）

128

選別した資料と振り返り文をすべてファイルに入れて提出します。これが
ポートフォリオです。教師はポートフォリオを受け取ったら、9）それを
見て、感想やアドバイスを書き込みます。その際、学習者が到達目標にど
の程度達しているか、学習の過程は適当だったか、目標に到達できなかっ
た場合は今後どのように学習を進めればよいかなどを含めてフィードバッ
クをします。そして、10）ポートフォリオを学習者に返却して、一連の
流れが終わります。

　このような流れを学期中1回行うだけでもよいですが、数回行えば、そ
のつど学習者の読みの状況が把握できますし、それを元にその後どのよう
な読み物を読んでいけばよいかアドバイスすることもできます。

　ポートフォリオを作成するのは手間のかかることで、このような作業が
苦手な学習者もいます。しかし、結果だけを評価の対象とするのではな
く、到達目標に至る過程が評価できるという点で、ポートフォリオ評価は
他の評価とは違う有用性があると言えます。

　評価は、学習内容や到達目標と表裏一体です。その授業で学習者のどの
ような能力を向上させたいのかがはっきりしていれば、採るべき評価の観
点は決まってきます。例えば、1学期間に段階別読み物を100冊読むこと
を到達目標とするならば、読んだ本の量の評価を高い割合で加えます。一
方、読む量が多くても少なくてもいいから、とにかく内容理解力が高めら
れるように本の内容をしっかり理解しながら読むことを目標にするなら
ば、読後に教師と学習者の内容確認を行う活動を取り入れ、評価としても
内容理解力を測るテスト結果を含めることになります。読みに向かう努力
を総合的に評価したいというのであれば、テスト結果なども含めたポート
フォリオで評価することもできます。

　ここで紹介した評価方法はいくつかの例です。一つの基準で多読を評価
するのではなく、いくつかの評価を組み合わせたり、自分で評価方法を
作ったりして適当な評価基準を作ります。どのような評価方法を採ってど
のような割合で配分するのかによって、その多読授業で目指す目標が可視
化されます。それを事前に学習者に示し、共有しておくことでその多読授

第3章 実践編

業の性質をより明確にすることができます。

　多読に限らず評価は公平で客観的であるべきです。評価項目とその割合を明らかにして学習者に提示しておけば、評価後学習者から問い合わせがあった場合にも、各項目に対する評価を開示して説明することができます。

19. 実践紹介

　ここまで、多読の実践に必要な読み物、授業形態、評価を見てきました。それを踏まえたうえで、本節では、筆者が実際に行った多読の授業を2例紹介します。いずれも大学で行った「Aがっつり多読」の実践例なので、大学以外の機関ではそのまま同じように実践することはできないかもしれません。しかし、実際にどのように授業を行ったのかの例として参考にしてください。

19-1　実践例1：レベルごとにノルマを課した多読

機関	国内の大学
学習者	交換留学生・学部生・大学院生・研究生
日本語のレベル	Ｎ２合格以上
人数	19名×2クラス
出身	中国、韓国、台湾、タイ、ミャンマー、カンボジア、リトアニア
期間	1学期（4か月）
授業時間と回数	90分×15回
到達目標	① 日本語の本をたくさん読む。 ② 自分の日本語レベルで読める本を探せるようになる。本を読む習慣をつける。 ③ 読んだ本について、自分の考えや感じたことが表現できる。 ④ いろいろな本を知って、他の留学生に日本語のオススメの本が紹介できる。

学期を通した 授業の構成	1（回目）：オリエンテーション 2〜4　　：段階別読み物の多読 5　　　　：大学図書館見学 6〜8　　：段階別読み物の多読 9　　　　：オススメの読み物を紹介する（クラス内） 10　　　：市立図書館見学 11〜14　：段階別読み物・その他の読み物の多読 15　　　：読んだ本や多読の経験について発表する（クラ 　　　　　ス合同）
多読時の1回の 授業の構成	導入5分　→　多読60〜70分　→　ブックトーク15〜20分
読み物	• 段階別読み物『レベル別日本語多読ライブラリー』 　　　　　　　　　『にほんご多読ブックス』 •『どんどん読める！　日本語ショートストーリーズ』 • 教師が用意した一般書籍
配付物	• 読書記録 • 多読用書籍のリスト • 100話達成シート（**図38**参照）
評価	① 読んだ本の量　15点 　• レベル4、5まで終了　15点 　• レベル3まで終了　12点 　• レベル2まで終了　9点 　• レベル1まで終了　6点 　• レベル0を終了　　3点 ② 読んだ本の記録　25点 　→基準値を3点にして、感想の記述内容を5点満点で評価。 　　　5点　全体的に丁寧に感想を書いていて、独自の視点や 　　　　　　感心させられる点が多い 　　　3点（基準値）ある程度の分量を書いているが、内容を 　　　　　　紹介する記述が多い 　　　1点　分量が極端に少なく、記述におもしろさが感じら 　　　　　　れない 　　　0点　記述がない ③ 読んだ本についての話し合いや多読の経験についての発 　表・報告　50点 　毎時間の話し合い　30点 　　• 全員加算　10点 　　• 出席率に応じて　20点 　中間・期末発表　20点 　　• 中間発表 →出席して、発表メモを提出すれば10点 　　• 期末発表 →出席5点、発表メモの内容5点 ④ 授業参加への積極性　10点 　大学図書館、市立図書館の宿題シート 　　→提出していれば各5点 　　　（欠席は0点、行ったけれど未提出は2点）

第3章　実践編

　この授業の特徴は、同僚と協力して同じタイプのクラスを二つ作って、どちらも同じように並行して多読の授業をしたことでした。学習者はどちらかのクラスに所属して通常はそのクラスの中で多読をしますが、図書館の見学や学期の最後の「読んだ本や多読の経験について発表する」授業は二クラス合同で実施され、学習者はクラスの垣根を越えて交流しました。

　多読のやり方としては、段階別読み物をレベル0から順に、レベル0は15話、レベル1〜3は各20話、レベル4（5）は25話読んでいくようにノルマを課しました。最終的には100話を読むことを目標としています。各レベルで読まなければならない量は恣意的ですが、段階別読み物だけで最

多読素材ストーリー数

レベル	多読ライブラリー	多読ブックス	ショートストーリーズ	計
0	18	9		27
1	15	7		22
2	17	12	—	29
3	19	7		26
4	17	14	60	93
5	0	2		

条件①：レベル0から順に読んで、レベル3までで合計75話以上読む。
条件②：レベル4と5は合わせて25話以上読む。

チェック表

レベル	読む話数	教師確認
0	15話	
1	20話	
2	20話	
3	20話	
4・5	25話	

合計100話！

あなたの日本語レベルは？

XX大学の日本語レベル

＿＿＿＿＿＿＿＿＿＿レベル

日本語能力試験

N＿＿＿＿＿合格（　　　　年）

図38　100話達成シート

終的に100話という目標が達成でき
ること、各レベルの段階別読み物の
総量から見て学習者がある本を「読
まない」という選択ができることを
含めて決定しました。この授業に参
加した学習者はいずれも日本語能力
試験N2合格以上のレベルの学習者
で、レベル0の読み物はやさしすぎ
るのですが、多読のやり方に慣れる
意味もあって、低いレベルから読む
ことを課しました。学期を通して最

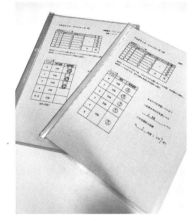

図39　多読ファイル

終的に何名かは100話を達成しました。そのような学習者は教師が用意し
た一般書籍を自由に読めることにしました。

　この授業では多読の記録のために、「読書記録」「多読用書籍のリスト」
(⇒p.105 図32とp.111 図34参照)「100話達成シート」を各学習者に配付
しました。また、中間発表や期末発表では、発表のためのメモも使用しま
す。読書記録は読んだ本の冊数が増えると、記録用紙の数も増えていくた
め、これらの用紙の紛失を防ぎ、多読に関する記録を残すために、配付し
た用紙を一人ずつファイルして冊子状にし、管理しました。ポートフォリ
オとまではいきませんが、それを見れば学習者の読みの軌跡がわかるよう
になっています。

　学期を通して多読を行っていましたが、多読がマンネリ化するのを防ぐ
意味と、到達目標に「本を読む習慣をつける」ことを挙げており授業外で
も自分で本を探して読んでほしいという意図を含めて、大学の図書館と大
学のそばにある市立図書館に見学に行きました。いずれの図書館において
も、図書館員や司書の協力を得て、配架状況や外国語の本がどこにあるか
など館内の説明をしてもらいました。図書館側も利用者数を伸ばしたいと
いう事情があるので、館内の案内などを依頼すると快く協力してくれるこ
とも多いです。一度利用してみてください。

第3章　実践編

19-2　実践例２：レベル縦断型大規模多読

　当時筆者が所属していた大学の事情で、急遽レベル縦断型の授業を行わなければならなくなりました。受講する学習者の日本語レベルは、日本語学習を始めたばかりの初級前半から、日本語能力試験Ｎ１に合格しているような上級までさまざまです。日本語授業でどのようなことが可能だろうかと考えたとき、頭に浮かんだのが多読でした。多読は学習者が自分のレベルに合った読み物を自分で読むので、レベル差のある学習者が同じクラスに混在していてもできるのではないかと思ったのです。そのような経緯から、56名もの学習者が参加するレベル混在の多読授業を行いました。

機関	国内の大学
学習者	交換留学生・学部生・大学院生・研究生
日本語のレベル	初級前半から上級まで
人数	56名
出身	中国、韓国、台湾、タイ、ミャンマー、カンボジア、ベトナム、ネパール、マレーシア、インドネシア、バングラデシュ、スリランカ、エジプト、フランス、リトアニア
期間	1学期（4か月）
授業時間と回数	90分×15回
到達目標	① 日本語の本をたくさん読む。 ② 自分の日本語レベルで読める本を探せるようになる。 ③ 本を読む習慣をつける。 ④ いろいろな本を知って、他の留学生に日本語のオススメの本が紹介できる。 ⑤ 読んだ本について、自分の考えや感じたことが大学生らしく表現できる。
学期を通した授業の構成	1（回目）：オリエンテーション 2、3　　：絵本の多読 4　　　　：大学図書館見学 5〜8　　：段階別読み物の多読 9　　　　：オススメの読み物を紹介する 10　　　 ：市立図書館見学 11〜14　：段階別読み物・自分の好きな本の多読 15　　　 ：読んだ本や多読の経験について発表する

多読時の1回の授業の構成	導入と読み聞かせ　→　多読　→　ブックトーク 　　　10分　　　　　55〜65分　　15〜20分
読み物	• 絵本 • 段階別読み物　『レベル別日本語多読ライブラリー』 　　　　　　　　　　『にほんご多読ブックス』 • 『どんどん読める！　日本語ショートストーリーズ』 • 一般書籍
配付物	• 読書記録 • 多読用書籍のリスト • スタンプカード
評価	① 読んだ本の量　20点 　　1話0.2点換算100話達成で20点 ② 読んだ本の記録　25点 　• 基本点5点 　• 学習者の考えがよく表れているコメント欄の記述一 　　つにつき1点（最大20点） ③ ブックトーク・授業への参加度　10点 ④ 中間・期末発表　20点（各10点） 　• 発表5点 　• 内容5点（発表メモによる評価） ⑤ 提出物　10点 　• 図書館訪問レポート　10点（5点×2回） ⑥ 宿題　15点 　• 自学自習室の利用 　• NHK NEWS WEB EASYを読む

　授業の流れは実践例1で紹介したものとほとんど同じなのですが、初級前半の学習者のためにオリエンテーションの資料は英語併記にしました。また、授業開始時にはかなの学習も終わっていなかったので、文字がわからなくても読める文字なし絵本を読むために、クラス全体で最初の2回の授業は絵本だけを読む時間としました。絵本に対して学習者が興味を持つよう、授業の最初に教師が絵本を1冊朗読する読み聞かせの時間も導入しました。

　毎時間ブックトークも行いますが、日本語で話せない学習者でもブックトークに参加できるように、英語などグループ内での共通言語での会話を許可し、日本語レベルが異なっても、日本語以外の同じ共通言語がある学

習者同士がグループになるようにしました。

　また、このときの実践でも100話読むことを目標に掲げていました。実践例１では、参加した学習者の日本語レベルが日本語能力試験Ｎ２合格以上という高いレベルだったので、段階別読み物の高いレベルまで読むことができ、それだけで100話達成することが可能でした。一方、実践例２の学習者は初級の学習者もいるので、一律にノルマを課して読み物のレベルを上げていくということができませんでした。そのため、絵本を含めて自分が読めるもので100話を達成するというように修正しました。もちろん初級の学習者が１学期間の多読で100話達成するのは難しいことですが、目標を見据えながら自分の現在地が確認できるように、スタンプカードを作って、１話読むごとにひとつスタンプを押していくことにしました。大学生には少し子どもじみた方法かもしれませんが、それで動機づけが少しでも高まるのであれば、使わない手はありません。

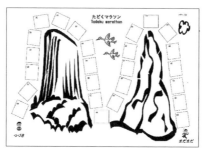

図40　スタンプカードの例
（１枚で25話分あり、４枚で100話達成）

　さらに、学習者が授業外でも読書が進められるように、多読の本が置いておける部屋を一つ確保し、段階別読み物や教員が読み終えた小説などを置いて自習用の部屋を作りました。実はこのような部屋が作れたのは、最初に説明したレベル縦断型の授業をせざるをえなかったことと関係があります。この年、筆者の大学では日本語授業担当の教員が不足し、開講科目数を絞らざるをえませんでした。そのためにレベル縦断型の授業を開講したのですが、授業が減ることは学習者の学習機会を減らすことなので、それを補償するものとして自習室の設置を大学に要望したのです。空いてい

る小部屋を流用したにすぎないのですが、多読向けの本が常備されていて、学習者がいつでも利用することができるこのような部屋が作れたことは、学習者にとっても教師にとっても有益なものでした。

　話を元に戻すと、そのような多読ができる自習室が開設されたので、授業外でも積極的に多読をするように宿題としても多読を課し、それも評価に加えました。

図41　50名以上の学習者が多読をする様子　　図42　一斉にブックトークをする様子

　この試みは、挑戦的なものでした。日本語の授業は習熟度別に行われることが基本で、しかも1クラスおよそ20名以下の場合がほとんどです。しかし、この多読のクラスは、日本語レベルも人数も一般的な日本語授業とはかけ離れたものでした。結果的に無事に1学期の多読授業は終わり、次の学期も同じ形で継続して行うことができました。

　この試みでいくつか発見したことがありました。一つは、50名以上の学習者が教室に集まっているにもかかわらず、多読中は教室の中が静まり返り、非常によい雰囲気の中で学習者が読みを進められたということです。普段読む習慣のない学習者も、雰囲気に押されて読みへの集中力が増しているようでした。もう一つは、授業の枠組みについての可能性です。日本語の授業で、レベルが混在する50名の学習者に対して一斉に授業が行える読解授業があるでしょうか。精読を中心とした一般的な授業では不可能です。それが多読では効率を落とさずに行えることを、身をもって知りました。

第3章　実践編

　50名以上が対象の多読なので、段階別読み物も1セットでは足りず、全冊3セットを準備しました。絵本も含めて書籍を運ぶだけでも100kg以上の荷物を移動させることになり、準備が大変ではありますが、それが乗り越えられれば、多読はこれまでの日本語授業の枠組みを超えた、自由度の高い読解能力育成の実践方法となります。

　以上、二つの実践例を紹介しました。何度も繰り返しているように、多読は精読のような学習方法とはまったく異なる教育方法です。そのため、本格的に実践するにはかなりのエネルギーが必要です。しかし、日本語レベルを問わずさまざまな学習者が同時に参加できるといった、これまでの日本語教育にない性質もあります。

　その可能性に目を向けて、一人でも多くの教師が日本語教育において多読を実践することを期待します。

第4章

Q&A・学習者の声 編

第4章 Q&A・学習者の声編

1. Q&A

　ここまで、多読の理念、効果、それらを支える理論的な背景、そして具体的な実践方法を見てきました。多読の授業をどのように行えばよいか、かなり具体的にイメージできるようになったのではないでしょうか。

　筆者はこれまで何度か多読についてのセミナーや学会発表を行う機会がありました。その際に、参加者、特に多読の導入に躊躇している人や多読に対して懐疑的な人からさまざまな疑問や質問をもらいました。いつも出る質問は多くの人が疑問に思っているポイントで、本書を読んでいる人の中にも同じような疑問を持っている人がいるかもしれません。ここではそれらの質問のうち、よく出る質問を取り上げて答えていきます。

Q1　辞書は絶対に使ってはいけませんか。

A　辞書の使用については、ある程度許容する人も、まったく制限しない人もいます。私は本を読んでいる途中には辞書を使わないことを勧めていますが、どうしても調べたいことばがある場合や、わからないことばがあったら読みが進められない学習者がいる場合などは、使用を認めてもよいでしょう。そのときの状況や学習者の特性、教師の考え方で辞書の取り扱いを決めてよいと思います。ただし、本文中にも述べたように、辞書使用が多くなると内容に集中できなくなります。辞書機能のためにスマホを使用することは集中力が削がれるリスクになるので、それも含めて判断してください。

Q2　オンライン授業で多読はできますか。

A　今ではウェブ上で手に入る無料の読み物がたくさんあります。また、ウェブサイトやブログ、SNSなど、日本語を読むコンテンツはインターネット上に無限にあります。読み物の素材としてのインターネットは非常に有用なのですが、オンラインで多読の授業をすること

は、簡単ではありません。私はコロナ禍中にオンラインで多読授業を行ったのですが、あまりうまくいきませんでした。オンラインでは学習者がちゃんと読み物を読んでいるのか教師が確認できないこと、対面の教室のような場の雰囲気が共有できないことが主な理由です。これは、教室で行う対面の多読のやり方をオンラインでウェブの読み物を使ってそのまま実施しようとして失敗した例です。また他の方法として、読みは授業外で宿題として行って、オンラインの授業の際にブックトークやディスカッションをしたり、教師がその場で指定した読み物を読んだりするというような授業もしましたが、これもうまくいきませんでした。宿題とはいえ、学習者はウェブ上の読み物を、対面授業で読む紙媒体の読み物ほどたくさん読まないし、インターネットにはSNSや関係ないウェブサイトなど誘惑が多すぎます。電子書籍が普及した今でも読書は紙の本でするという学習者は意外に多いようです。多読の意義を十分に伝え、場の雰囲気を作って学習者を読書に向かわせるには、教室で対面で行うことを勧めます。ただ、すでに多読を経験したことがある学習者や、自律的な読み手になっている学習者に対してであれば、オンラインで多読を行うことも可能なので、学習者の特性や状況に応じて検討してください。

Q3 多読の読み物として、マンガを使ってもいいですか。

A これも教師の考え方や、到達目標によります。マンガには魅力的な作品が多く、学習者が興味を持つものもたくさんあります。とにかく日本語の文字を読むことに慣れてほしいのであれば、マンガを多読に取り入れてもよいと思います。しかし、マンガは話しことばを中心に展開するので書きことばに触れる機会が少ないこと、母語話者向けなので語彙や表現に配慮がなく漢字にルビも振っていないことがあることなど、留意すべき点は多々あります。授業中にひたすらマンガを読んでよいのかという授業としての表面的妥当性の問題もあります。読むことに慣れていない学習者や読書習慣がない学習者が導入としてマンガを読み、慣れてきたら段階別読み物に移行するという方法もあり

第4章　Q&A・学習者の声編

ます。マンガを取り入れるのであれば、目的、量、どのような作品を
揃えるかなど綿密に検討する必要があります。

Q4 新聞を多読に使うのはどうですか。

A　新聞は母語話者向けに書かれたものであるうえに、新聞特有の構
成、表現があるのでそのまま学習者が読むのは容易ではありません。
小学生向けの「小学生新聞」のようなものもありますが、「実践編」
の「5．小・中・高校生向けの読み物」のところでも言及したように
（⇒p.68）、小学生向けの新聞であっても語彙や表現は母語話者向けな
ので、学習者が理解するには困難が伴います。段階別読み物を読み終
えて、十分に読む力がついた学習者が読むものとして利用するなど一
部の学習者には利用できるかもしれませんが、それらを辞書を使わな
いで読めるレベルの日本語能力となると、かなり高度な力が要求され
ます。

Q5 学習者が持ってきた本を多読で読ませてもいいですか。

A　基本的には勧めません。「授業で多読をするから、好きな本を持っ
てきてください」と学習者に指示をすると、家に「積ん読」してある
文学作品や他の授業の専門書を持ってきたりします。多読は、あくま
でやさしい読み物を読んで日本語能力を向上させるトレーニングなの
で、段階別読み物などその枠組みに適した読み物を教師が準備してお
きます。

Q6 初級の学習者に対しても多読はできますか。

A　できます。実際に私が行った多読の授業には、かなもまだ学習して
いない入門の学習者もいました。そのような学習者は多読の開始時に
は日本語の文字を読むことはできないので、最初は段階別読み物の
「スタートレベル」の読み物や文字なし絵本から始めます。しかし、
多読によってかなの習得が進むわけではありません。ひらがなやカタ
カナ、語彙や文法は他の授業で明示的に学習します。それと並行して

142

多読を行うとよいでしょう。簡単な文型が理解できるようになったら、段階別読み物のレベル0の読み物は読めるようになるので、そのまま多読を継続します。明示的学習と付随的学習は車の両輪です（⇒p.46）。並行して行えば、習得は効果的に進むはずです。

Q7 どうしても読みたがらない学習者がいたら、どうしますか。

A 　本来なら、多読を始める前にオリエンテーションを行い、学習者も十分に理解して納得したうえで多読に参加するとよいですが、多読の授業を取らない選択肢がない場合などは、どうしても読まない学習者が出てくることがあります。そのような学習者には、やさしいけれどおもしろい本、他の学習者から評判のよかった本などを薦めてみます。学習者がおもしろいと感じたら読み始めるでしょうし、教師ではなく他の学習者から薦められたら読むこともあります。どうしても読まないなら、教師が隣について読み聞かせをしてもよいでしょう。

Q8 どれぐらいの期間、多読を続ける必要がありますか。

A 　授業で多読を行ってある程度読む習慣がついても、その学期が終わったら読むのをやめてしまう学習者がほとんどです。多読を行ったことで読書習慣がついて、その後も自主的に読み続けるのは、50人に1〜2人でしょうか。多読授業の目的は、自律的な読み手を育てることだと本文で書きましたが、そうなってくれるのはまれです。学習者も忙しいし、スマホなど本に代わる魅力的なものはいくらでもあります。少しでも長く学習者の読む行為が続くように、授業で多読を行う期間は長ければ長いほどよいでしょう。

Q9 多読を行うのに、適正なクラスサイズはありますか？

A 　読み物さえあれば何名でも、どのレベルでも行えるのが多読のよい点の一つです。私は1人から60人強まで、いろいろなクラスサイズで多読を行ったことがあります。人数が多ければそれだけ読み物の数が必要になるので、読み物がどの程度準備できるのかによってクラスサ

第4章　Q&A・学習者の声編

イズは決まってきます。学習者の数に対して読み物の数もギリギリだ
と、学習者の選択の自由がなくなるので、最低でも3冊の中から1冊
選べる程度に読み物が揃っている必要はあるでしょう。

Q10 多読を始めたいが、予算がありません。

A　予算が必要なのは、読み物を購入するときです。本文の「実践編」
「7．ウェブサイトと無料の読み物」（⇒p.72）のところで紹介した三
つのウェブサイトを利用すれば、450作以上の読み物を準備すること
ができます。それをプリントアウトすれば紙の読み物になります。プ
リントアウトにはお金がかかるので、それも難しいのであれば、電子
データのまま読むという方法をとることもできます。これらのサイト
をうまく利用してください。

**Q11 多読をしてもなかなか効果が感じられない場合、どうすればいいで
すか。**

A　実際に多読を行っている学習者本人の実感がない場合も、授業を運
営する教師に手応えがない場合もいずれもあると思います。どちらの
場合にもオススメは、テストをしてみることです。本文で紹介した、
内容理解のテストでも、流暢さを測るテストでもいいですが、何かし
ら目に見えるものがあれば、効果を実感として持つことはできます。
一回だけでなく複数回行えば、定期的な成長が確認できます。また、
読書記録を見返すのも進歩を実感できる方法です。というのは、やさ
しいレベルの読み物から読み始めれば、自然と読み物のレベルが上
がっていきます。最初はレベル1の読み物を読むのに苦労していたの
に、今はレベル3の読み物が辞書なしで読めているというようなこと
があれば、それは進歩を表す客観的な事実となります。学習者は自分
で気づきにくいものなので、教師がそれを指摘するとよいでしょう。

**Q12 1冊読み終えず、どんどん新しいものに変える学習者がいます。読
み終えるように指導すべきですか。**

144

A　まずは読み物を変える原因を観察、確認してください。読み物が難しくて変えているのであれば、レベルを落とした読み物を勧めるようにし、内容がつまらなくて変えているのであれば、教師のオススメの本や学習者から評判がよかった本を勧めます。そのどちらでもなく、1冊の本を読み通すことができないために次から次へと本を変えているようであれば、その学習者は読みがかなり苦手な学習者かもしれません。まずは1冊終えられるように、教師が横について読み聞かせをしたり、より短い読み物や文字の少ない読み物を勧めたりしてください。

Q13 あきらかに自分に合っていないレベルの本にこだわる学習者がいます。どうしたらいいでしょうか。

A　学習者の日本語レベルよりも明らかに難しいレベルの読み物を読んでいる場合は、すぐにでもやさしいレベルの読み物に変えてほしいところですが、どうしてそこにこだわるのか学習者に確認してください。学習のためには難しい読み物を読まないといけないと思い込んでいる場合は、多読の意図が十分に伝わっていないことになるので、再度説明が必要です。ただ、漢字圏出身の学習者の場合は、口頭能力における日本語レベルよりもかなり高いレベルの読解能力を持つ学習者も多くいます。その学生のレベルよりも高いレベルの本を読んでいると思われる場合でも、その学習者が辞書なしで読めているのであれば、特に問題はありません。ただ、漢字を頼りに読めたつもりになっていないか、ときどき内容についての対話をして確認するとよいでしょう。

Q14 小学校や中学校の日本語指導のクラスで、日本語指導が必要な児童を対象に多読はできますか。できる場合、児童の多読について注意する点はありますか。

A　私は携わったことがありませんが、実際に行っている現場はあるようで、わずかですが実践報告もあります（下記参照）。ただ、成人向

第4章　Q&A・学習者の声編

けの多読実践よりもさらに実践例が少なく、組織的な実践は今後期待されるところです。外国にルーツを持つ児童・生徒を対象に日本語多読を行う場合、成人に比べて集中力が続かないこと、興味や関心が成人とは異なること、取り出し授業で行う場合でも他の科目への対応で時間が割かれるため多読に当てられる時間はかなり限られることが予想されます。今後多くの実践報告が待たれます。

• 松井孝彦・松井千代（2019）「外国人児童に対する取り出し授業内での10分間多読の実践」『日本語教育174号』pp.45-55.

• NPO多言語多読ブログ「有志『子ども多読支援を考える会』報告」（https://tadoku.org/blog/blog/2021/06/21/11086）

Q15　地域の日本語教室でも、多読をすることは可能ですか。

A　これも携わったことがないので明確に答えることはできませんが、読み物を揃えれば実践は十分可能だと思います。ただし、地域の日本語教室の場合は、毎回学習者が来るとは限らず、そもそも対象者は生活者であることが多いので、毎日の生活にどれほど読むことが必要とされるのか確認する必要があります。仮に読む力が必要であっても、多読で読む読み物と、学校からのお知らせなど生活するうえで読まなければならないものは種類が異なります。学校からのお知らせなどは、情報さえ取れればよいので、緊急性が高い場合は学習者本人の読解能力を向上させるよりも翻訳ソフトを使って翻訳するなどしたほうが、効率的です。日本語学習に時間がかけられ、長期的に日本語能力を伸ばしたいと思うのであれば、多読を実践する意義もあるでしょうが、支援者からの押し売りにならないよう、必要性はしっかり確認する必要があります。

2. 学習者の声

　「導入・説明編」の「7．多読の効果」（⇒p.29）では、多読を行った学習者の感想を紹介しました。感想の中には、多読についての重要な示唆のあるコメントが数多くあります。「多読ってどうなんだろう」ということは、多読を実践した学習者が一番よくわかっています。肯定的なコメントだけでなく、否定的なコメントも含めて、ここでは第1章に載せられなかった学習者の感想を紹介します。なお、学習者の様子が少しでも伝わるように、読みにくさを承知で、できる限り原文のまま記載します。

【多読を実践した学習者の感想】
〈教養的知識の向上について〉

- 授業と多読の活動を通じて、日本の文化と知識をみにつけました。（ベトナム）
- 多読で、日本語を読む習慣ができただけでなく、段階別読み物を通して日本の文化を理解することができました。特に、日本人の習慣や、祭り、地理、歴史などの日本事情で、日本をより理解するのに役立ちました。（英文・台湾）
- 日本語の読解や語彙や文法などのレベルがアップできただけではなく、色々な知識が身につけるいい勉強になった。（ベトナム）
- 私はまだ日本語初級で、日本の文化をあまり知りませんが、本の中でそれを見つけることで、本をよむ動機づけが高まりました。（英文・インドネシア）

　多読に限らず、たくさん本を読むと知識が増えます。日本語教育の多読の読み物は、日本語学習者向けに書かれているので、日本文化を紹介したり、日本事情を説明したりする読み物が多くあります。それらを読むことで、学習者が教養的知識が得られたと感じるのは想像に難くありません。

147

第 4 章　Q＆A・学習者の声編

　また、読み物には昔話や伝記も多数あり、それらは日本の伝統的な習慣や考え方を含んでいることがあります。それを読むことで、日本人の考え方や習慣を知る機会にもなります。

　教養的知識の向上は、多読が内容重視で読み物を読んでいることの表れで、私たちが実生活で経験する知的好奇心が満たされる読みと同じことが多読でも行われていることを示しています。

〈多読の効果全般について〉

- この一年間の読解の授業を通して、たくさん本を読んで、自分の読解の能力と読むスピードは早くなりました。最初、先学期はじめての授業は「この授業では100冊の多読の本を読むことになります」と聴いて、自分は自信がなかったでした。しかし、１年の授業を通して、100冊は完了しました。その結果を見ると、やっぱりやりがいがあると思いました。今年７月のJLPT　N1の試験を受けたときも読解のスピードは早くなって、上手になったと感じました。（中略）未来、授業がおわっても、時間があるときも日本語を書いている本を読み続けます！（台湾）

- このクラスは、○○大学で受けた授業の中で最もよかったクラスの一つでした。10月に日本に来たとき、私はほとんど日本語が話せないし、日本語の長い文が読めませんでした。最初、私はレベル０の本から始めましたが、１冊読むのに30分くらいかかりました。また、よく理解するためには２回読まなければなりませんでした。しかし、時間が経って明らかに私の読むスピードと理解力が上がったと感じられます。一つのレベルの本をほとんど読んで、次のレベルに進みました。３か月でレベル３まで到達できたことに自分でも驚いています。（英文・台湾）

- このクラスはよかった。なぜなら、自分でできるかぎりたくさん本を読むことは、日本語能力の向上に役に立ったから。それに、よりレベルの高い本を読むことは、挑戦的なことで、新しい言葉や漢字を学ぶのに役に立った。（英文・リトアニア）

148

多読の効果の実感のし方は人によって異なります。テストの点が上がったなどの具体的な効果が目に見える形で示されなくても、実感として効果を感じることができれば、多読の実践としては成功としてよいのではないでしょうか。もちろん一部には多読の授業に否定的な意見を持った学習者もいますが、多くの学習者が授業に対して肯定的な評価をしていることも、また成果の一つと言えます。

〈多読の実践方法について〉

- 本を読む時間があまりないので、この時間を通じて本を読むことができていい機会でした。（韓国）
- 強制的ではなく自律的な雰囲気で本を読むことができてよかったです。（韓国）
- 多読のクラスの雰囲気が好きです。居心地のよい空間で本を読んだり、お気に入りの本をみんなにシェアしたりできました。（ベトナム）
- 私にとってこの授業はとてもいいと思う。理由は私は元々本が好きで、先生は好きな本を選んで読んでくださいと言った。嫌いな本、興味がない本を読むのはおもしろくない。本を読みたくないでしょう。逆に好きな本を読むのは意欲も高まると思う。（台湾）
- この授業を取る前に、中国にいるときも、日本語の本を読んだことがありました。しかし、当時は相応しくなくて難しい本を読みました。なかなか進めなかったです。今、このように低いレベルからだんだん高いレベルの本へ進むやり方は思ったより効果があります。今は日本語の小説を読むとき、80％以上は理解できるようになります。（中国）
- さいしょ、先生が授業もしなくてただ本をよむことだけだよってはなしてびっくりしました。けれども、ますますなれておもしろかったです。（韓国）
- 本を読みたくないとき、本の中の絵を見るのがおもしろかった。クラスの中でみんなが何かを読んでいるので、私もその雰囲気に押されて思ったよりたくさん本を読むことができた。（インドネシア）

第4章　Q&A・学習者の声編

　多読の授業は、精読のような授業とはまったく異なります。韓国の学習者のように、そのやり方に最初は戸惑う学習者もいます。しかし、回を重ねるごとに慣れて行って肯定的な評価に変わっていったこともわかります。クラスに集まっているみんなが本を読んでいるという雰囲気はやはり独特のもので、それを心地よいと感じる学習者も多くいますし、インドネシアの学習者のように、「静寂の場の力学」が働いて思った以上に読むことができたと感じる学習者もいます。

〈読み物について〉

- 現代小説のようなショートストーリーズを読んで、本当の日本の本を読んだ気分だった。たとえば、レベル0〜5までの本の場合は昔の物語、子ども向けの本が多かったので、レベル4、5になってからは本を読むことが教科書のようになった。ショートストーリーズを読んでからもう楽しめるようになった。（韓国）
- このクラスに紹介してくれた本はときどき、学生の日本語能力に合わせるために省略されたり、言葉、表現し方が簡単にされたりするので、その本の心を動かす力がなくなってしまうことがあると思います。（ベトナム）
- 以前、読む能力を高めるためには、小説や新聞などを読んで、わからないところがあったら、すぐ調べるのが一番よい方法だと思っていた。しかし、選んだ本が難しすぎて、途中でやめることが多い。この多読シリーズが名作をわかりやすく簡約して書いた。ずっと読みたい名作をいくつ読んだ。（台湾）
- 字のない絵本はいいと思います。想像力を膨らませる空間が与えられるので、人は無意識に考え始めると思います。（中国）
- 自分の日本語のレベルがわかることができます。（マレーシア）

　語彙や表現を制限して書かれている段階別読み物は、内容が簡約化されるので、それに対して物足りないと感じることがあります。一方で、レベルに応じて書かれているから無理なく読めると感じる学習者もいます。こ

れらは表裏一体の関係と言えます。韓国の学習者の感想は、「ショートス
トーリーズ」シリーズがブリッジシリーズとしての役割を果たしている
（⇒p.63）ことの表れですし、マレーシアの学生が書いた「段階別読み物
によって自分のレベルがわかる」というのは、段階別読み物の役割の一つ
が果たされている証拠と言えます。

〈ブックトークについて〉

- クラスメートと相談する過程で、同じ本を読むけれど、さまざまな意
  見を聞いて、おもしろい話を知りました。（ベトナム）
- 一番好きなところは自分の好きな本を紹介することです。いいものを
  見つけたら、きっと友達にすすめたいでしょう。そして、本を読んで
  から自分の考えたこともほかの人に話したいです。だから、紹介を通
  して、自分の気持ちが相手に伝えられるからうれしいです。（中国）
- 本をしょうかいするときはちょっときんちょうしたが、日本語の会話
  がよくなるとおもいます。（ベトナム）
- 授業の最後に、一つの読んだ本を紹介するのはいいと思います。ほか
  の人もこの本を読みたくなります。しかし、紹介を終わったら、授業
  は終わります。次回の授業で、当時あの本に対する興味も浅くなるか
  もしれません。（中国）

　ブックトークは、学習者を緊張させるものですが、やはりおもしろい本
を読んだら他の人とその気持ちを共有したいと感じるようです。他の人が
自分の読んだ本を紹介したら、そこで意見の交換ができるし、お互いの意
見や見方が違ったらそれはそれでおもしろいものです。本文でも書きまし
たが、中国の学習者が指摘しているように、せっかくブックトークで他の
人が紹介した本に興味を持っても、読む機会がなければ台なしです。次の
読書につながるように、工夫が必要です。

〈読書記録のコメント欄について〉

- いつも本を読んだ後、感想などは書かなければなりませんので、時々

第4章 Q&A・学習者の声編

アイデアが浮かばなくて大変でした。しかし、感想を書くことから、本がもっと深く理解できました。（マレーシア）

• 本を読むことは楽しかったですが、感想を書くのは一番苦しいと思います。（中国）

• 毎回本を読むとき感想を書くのもいい経験だと思います。読むだけではなくて、読んだ内容を振り返って、作者が私たち読者に伝えた気持ちもよりよくわかるようになります。（中国）

• 読むのは好きですが、感想や意見を述べるのは少し苦手です。また、自分の気持ちを書くよりも話したほうが好きなので、この授業にはあまり合っていないと思いますが、おもしろかったです。（マレーシア）

• もともと本を読むのは好きでしたが、外国語で書かれた本を読むのはなかなかむずかしかったです。だから、たくさん読むことはできませんでしたが、とにかく読んだことに重点を置いて、今までに書いたかんそうを見ることで自分がやってきたことを振り返ってみたのがいいと思います。（韓国）

コメントについては、やはり否定的な意見も多く、学習者が感想を絞り出している様子がうかがえます。韓国の学習者のように、感想を振り返りの機会に使えればコメントシートも生きてきますが、マレーシアの学習者のようにすべての読み物に対して何か感想を抱くわけではありません。読んでほとんど何も感じないこともあります。そのような読み物に対しても一律にコメントを課すことがよいかも検討する必要があります。コメントを課すことで読みの動機づけが下がっては、本末転倒です。

最後に、学習者から寄せられた今後に向けての反省材料となる感想を紹介します。これらに向き合うことで、次の多読の実践にどのように取り組めばよいのか、考えていきます。これに関しては一つの感想に対して一つずつコメントします。

152

〈反省材料となるコメント〉

- 図書館や本屋に容易に適当な本を探して読みますが、授業に本の数や種類が少ないので、時々本を選ぶのは難しいと思います。（ベトナム）

　筆者の実践では、多読に慣れるために段階別読み物だけを読むことを課しましたが、特にレベルの高い学習者にとっては段階別読み物が物足りないと感じることもあります。そのような場合には、学習者の様子をみて、一般書籍など読みたい本を自由に読ませるという柔軟な対応も必要だと感じます。

- 一回図書館に行ったけど、残りの時間は全部教室で本を読みます。最初のとき、新鮮感を持っているから、たくさんの本を読みたいです。しかし、私自身の原因かもしれませんが、このような同じやり方を何回も繰り返す、だんだん飽きてしまいました。本を読みたくなくってしまいました。（中国）

　動機づけをいかに保つかが、継続して多読を行うときの最大の課題です。特にもともと読む習慣がない学習者が多読を継続するのは、容易ではありません。必ず飽きがきます。「がっつり多読授業」のように、長期間多読を行う場合には、特に工夫が必要です。ところどころに精読を導入して明示的学習と暗示的学習のバランスを取ったり、意識的に読みの流暢さを高めるための速読の練習を行ったりするような、異なる視点の読みの教育を複合的に行うことも工夫として考えられます。

- このクラスで動機づけを保つのが難しかった。このクラスでは教師からのフィードバックやインタラクションがほとんどなく、自分で家でできるのではないか、そして同じような結果を得られるのではないかと感じた。（英文・アメリカ）

　静かに自分で本を読むことが中心となる多読は、教師と学習者のインタ

第4章　Q&A・学習者の声編

ラクションの機会が少なく、フィードバックを与える機会も限られます。この学習者は欠席が多かったので、授業に疑問を抱きながら参加していたのだと思います。多読中は教師が学習者に個別に対応することができるので、その機会を利用してその学習者が読んだ本の内容についてディスカッションをするなどしたら、もっと違う印象となったかもしれません。学習者が多読の授業に意義が見出せるよう、教師は学習者の特性を捉えて対応する必要があると痛感します。

- 授業が始まったとき、先生が多読の読む方法を説明しました。その中でわからない言葉を飛ばし、すきじゃない内容を読みませんというルールがあります。しかし、実は、日本語を勉強するとき、いろいろな内容を読むことが必要です。ほんとに読むときは飛ばしたり、読まなかったりすることが不可能だと思います。私にとっては多読の読むルールに従ったら、日常生活の連語や言い方を復習するだけです。もっと深い日本語だったら、多読のルールは日本語を勉強する人には不適当だと思います。（台湾）

この学習者はいろいろなものを読む（読まされる）ことによって、そこに含まれるさまざまな表現を学べると指摘していますが、その裏にはやはり精読の読み方が前提としてあることが感じられます。確かに、より広く豊かな語彙や表現を習得するためには、段階別読み物で足りない部分があります。それ故に、精読のように明示的学習のために読むことも必要です。一方で、ストレスの強い読み方を強いることで、読むことや日本語の文章に対して拒否感や苦手意識を抱かせたりすることもあります。多読で何ができて、何ができないのかを学習者にしっかりと伝えておく必要性を再認識した記述です。

割合は多くないとはいえ、このように多読に対して反省材料となるコメントを返してくれる学習者もいます。学習者が持ったこれらの意見は、今後多読を実践していくために考慮しなければならないものです。多読は大

きな可能性を持った言語の習得方法ですが、万能ではありません。教師が利点と限界をしっかりと把握し、それを学習者に確実に伝えたうえで、実践していく必要があります。それを今一度筆者自身が心に留めて、本書を閉じます。

参考文献一覧

- Day, R. R. & Bamford, J.（1998）. *Extensive Reading in the Second Language Classroom*. Cambridge University Press. ／ 桝井幹生監訳, 川畑彰・内藤満・福屋利信・松本信治・渡邊慶子・吉村俊子・上岡サト子・荒牧和子・池田庸子・北風文子訳（2006）『多読で学ぶ英語　楽しいリーディングへの招待』松柏社
- deCharms, R.（1968）. *Personal causation*. NY: Academic Press.
- Grabe, W. (2009). *Reading in a second language: moving from theory to practice*. Cambridge University Press.
- Krashen, S.D.（1985）. *The Input Hypothesis: Issues and Implications*. NY: Longman.
- Laufer, B. (1989). What Percentage of Text-Lexis is Essential for Comprehension? In: Lauren, C. and Nordman, M., Eds., *Special Language: From Human Thinking to Thinking Machines*, Clevedon: Multilingual Matters, pp.316-323.
- Nation, P. (1990). *Teaching and Learning Vocabulary*. NY: NEWBURY HOUSE PUBLISHERS.
- Nation, P.（2014）. How much input do you need to learn the most frequent 9,000 words?. *Reading in a Foreign Language*, 26（2）. pp.1-16.
- Nation, I. S. P. & Waring, R.（2020）. *Teaching Extensive Reading in Another Language*. NY: Routledge. ／ Mitsue Tabata-Sandom監訳, 坂野永理・坂井美恵子・渡部倫子・池田庸子・松下達彦訳（2023）『言語教育における多読』くろしお出版
- Nuttall, C.（1996）. *TEACHING READING SKILLS in a foreign language（New edition）*. Oxford: Heinemann.
- Samuels, S. J. (1994). Toward a theory of automatic information processing in reading. revisited. R. B. Ruddel, M. R. Ruddel, & H. Singer (Eds.), *Theoretical models and processes of reading* (4th ed.), pp.816-837. Newark, DE: International Reading Association.
- Smith, F. (2004). *Understanding Reading（6th ed.）*. Mahwah, NJ: Lawrence Erlbaum Associates.
- Tabata-Sandom, M.（2015）. L2 Reading Perceptions of Learners of Japanese: The Influence of the Reading Instruction. *Reading Matrix: An International Online Journal*, 15, pp.274-289.

- 粟野真紀子・川本かず子・松田緑（2012）『日本語教師のための多読授業入門』アスク出版
- 市川伸一（2011）『現代心理学入門3　学習と教育の心理学　増補版』岩波書店
- 海保博之（1984）『漢字を科学する』有斐閣
- 鹿毛雅治（2013）『学習意欲の理論―動機づけの教育心理学』金子書房
- 門田修平（2015）『シャドーイング・音読と英語コミュニケーションの科学』コスモピア
- 門田修平（2021）『英語リーディングの認知科学　文字学習と多読の効果をさぐる』くろしお出版
- スティーブン・クラッシェン著, 長倉美恵子・黒澤浩・塚原博訳（1996）『読書はパワー』金の星社

- スティーブン D. クラッシェン & トレイシー D. テレル著, 藤森和子訳（1986）『ナチュラル・アプローチのすすめ』大修館書店
- 坂井邦秀・神田みなみ（2005）『教室で読む英語100万語　多読授業のすすめ』大修館書店
- 佐々木良造（2021）「教室内多読の読書記録に基づく読み速度調査」『日本語教育方法研究会誌』Vol.28, No.1, pp.90-91.
- 佐藤尚子・田島ますみ・橋本美香・松下達彦・笹尾洋介（2017）「使用頻度に基づく日本語語彙サイズテストの開発　−50,000語レベルまでの測定の試み−」『千葉大学国際教養学研究』Vol.1, pp.15-25.
- 田島ますみ・佐藤尚子・橋本美香・松下達彦・笹尾洋介（2015）「日本人大学生を対象とした使用頻度に基づく日本語語彙サイズテストの開発—50000 語レベルまでの測定の試み—」『日本リメディアル教育学会第11 回全国大会発表予稿集』pp.58-59.
- 田島ますみ・佐藤尚子・橋本美香・松下達彦・笹尾洋介（2016）「日本人大学生の日本語語彙測定の試み」『中央学院大学人間・自然論叢』41, pp.3-20.
- 田中あゆみ（2007）「第2章　動機づけの基礎 —— やる気を心理学的に捉える」藤田哲也編著『絶対役立つ教育心理学［第2版］実践の理論、理論を実践』ミネルヴァ書房
- 二宮理佳（2013）「多読授業が初級学習者の内発的動機づけに及ぼす影響」『一橋大学国際教育センター紀要』第4号, pp.15-29.
- 二宮理佳（2014）「多読と内発的動機づけ、及びメタ認知活動」『一橋大学国際教育センター紀要』第5号, pp.17-32.
- 二宮理佳・川上麻理（2012）「多読授業が情意面に及ぼす影響 —動機づけの保持・促進に焦点をあてて—」『一橋大学国際教育センター紀要』第3号, pp.53-65.
- 纐纈憲子（2019）「内容重視教育につながる日本語多読授業」*Proceedings of 27th Annual Conference of the Central Association of Teachers of Japanese*（CATJ 27）, pp. 75-89.
- 速水敏彦（2019）『内発的動機づけと自律的動機づけ　教育心理学の神話を問い直す』金子書房
- 松下達彦・佐藤尚子・笹尾洋介・田島ますみ・橋本美香（2021）「第二言語としての日本語語彙量と漢字力　—第一言語と学習期間の影響—」『日本語教育』178号, pp.139-153.
- 村上京子（2013）「付章　テストを使わない評価」関正昭・平高史也編『日本語教育叢書「つくる」　テストを作る』スリーエーネットワーク
- 吉川達（2023）「日本語教育における多読 —読むことによって読む力を育てる—」『日本語学』Vol.42（3）, pp.26-35, 明治書院.

- 松下達彦（2024）「日本語を読むための語彙量テスト（ver.2）」（http://www17408ui.sakura.ne.jp/tatsum/webtest.html）2024.7.24アクセス確認
- 文化審議会国語分科会（2021）『日本語教育の参照枠　報告』
- 全国大学生協同組合連合会（2024）「第59回学生生活実態調査　概要報告」（https://www.univcoop.or.jp/press/life/pdf/pdf_report59.pdf）2024. 9. 10アクセス確認

本書で紹介した、主な読み物一覧（2024年8月現在）

NPO多言語多読監修　アスク出版発行

『〈CD付〉レベル別日本語多読ライブラリー にほんごよむよむ文庫 レベル1 Vol.1』（2006）
『〈CD付〉レベル別日本語多読ライブラリー にほんごよむよむ文庫 レベル2 Vol.1』（2006）
『〈CD付〉レベル別日本語多読ライブラリー にほんごよむよむ文庫 レベル3 Vol.1』（2006）
『〈CD付〉レベル別日本語多読ライブラリー にほんごよむよむ文庫 レベル4 Vol.1』（2006）
『〈CD付〉レベル別日本語多読ライブラリー にほんごよむよむ文庫 レベル1 Vol.2』（2007）
『〈CD付〉レベル別日本語多読ライブラリー にほんごよむよむ文庫 レベル2 Vol.2』（2007）
『〈CD付〉レベル別日本語多読ライブラリー にほんごよむよむ文庫 レベル3 Vol.2』（2007）
『〈CD付〉レベル別日本語多読ライブラリー にほんごよむよむ文庫 レベル4 Vol.2』（2007）
『〈CD付〉レベル別日本語多読ライブラリー にほんごよむよむ文庫 レベル1 Vol.3』（2008）
『〈CD付〉レベル別日本語多読ライブラリー にほんごよむよむ文庫 レベル2 Vol.3』（2008）
『〈CD付〉レベル別日本語多読ライブラリー にほんごよむよむ文庫 レベル3 Vol.3』（2009）
『〈CD付〉レベル別日本語多読ライブラリー にほんごよむよむ文庫 レベル0 Vol.1』（2009）
『〈CD付〉レベル別日本語多読ライブラリー にほんごよむよむ文庫 レベル0 Vol.2』（2010）
『〈CD付〉レベル別日本語多読ライブラリー にほんごよむよむ文庫 レベル0 Vol.3』（2014）
『〈CD付〉レベル別日本語多読ライブラリー にほんごよむよむ文庫 レベル4 Vol.3』（2017）
『〈音声DL〉レベル別日本語多読ライブラリー にほんごよむよむ文庫 スタート』（2022）
『〈音声DL版〉レベル別日本語多読ライブラリー にほんごよむよむ文庫 レベル1 Vol.2』（2023）
『〈音声DL版〉レベル別日本語多読ライブラリー にほんごよむよむ文庫 レベル1 Vol.3』（2023）
『〈音声DL版〉レベル別日本語多読ライブラリー にほんごよむよむ文庫 レベル3 Vol.3』（2023）
『〈音声DL版〉レベル別日本語多読ライブラリー にほんごよむよむ文庫 レベル4 Vol.1』（2023）
『〈音声DL版〉レベル別日本語多読ライブラリー にほんごよむよむ文庫 レベル3 Vol.1』（2024）

NPO多言語多読監修　大修館書店発行

『にほんご多読ブックス　日本語学習者のための〈レベル別読みもの〉vol.1　レベル0～2（7冊セット）』（2016）
『にほんご多読ブックス　日本語学習者のための〈レベル別読みもの〉vol.2　レベル2（7冊セット）』（2016）
『にほんご多読ブックス　日本語学習者のための〈レベル別読みもの〉vol.3　レベル3（7冊セット）』（2016）
『にほんご多読ブックス　日本語学習者のための〈レベル別読みもの〉vol.4　レベル4（5冊セット）』（2016）
『にほんご多読ブックス　日本語学習者のための〈レベル別読みもの〉vol.5　レベル4（4冊セット）』（2016）
『にほんご多読ブックス　日本語学習者のための〈レベル別読みもの〉vol.6　レベル4,5（4冊セット）』（2016）
『にほんご多読ブックス　日本語学習者のための〈レベル別読みもの〉vol.7　レベル0,1（5冊セット）』（2017）
『にほんご多読ブックス　日本語学習者のための〈レベル別読みもの〉vol.8　レベル0,1（6冊セット）』（2017）
『にほんご多読ブックス　日本語学習者のための〈レベル別読みもの〉vol.9　レベル0,1（5冊セット）』（2019）
『にほんご多読ブックス　日本語学習者のための〈レベル別読みもの〉vol.10　レベル1（5冊セット）』（2019）

坂野永理、池田庸子、品川恭子、坂井美恵子著　ジャパンタイムズ出版発行

『初級日本語よみもの　げんき多読ブックス　Box1　12巻セット』（2023）
『初級日本語よみもの　げんき多読ブックス　Box2　12巻セット』（2023）
『初級日本語よみもの　げんき多読ブックス　Box3　12巻セット』（2023）
『初級日本語よみもの　げんき多読ブックス　Box4　10巻セット』（2023）

横山悠太著　スリーエーネットワーク発行

『小説 ミラーさん　－みんなの日本語初級シリーズ－』（2017）
『小説 ミラーさんⅡ　－みんなの日本語初級シリーズ－』（2019）

吉川達、門倉正美、佐々木良造翻案　アルク発行

『どんどん読める! 日本語ショートストーリーズ Vol.1』（2017）
『どんどん読める! 日本語ショートストーリーズ Vol.2』（2017）
『どんどん読める! 日本語ショートストーリーズ Vol.3』（2018）

著者紹介

吉川 達（よしかわ とおる）

立命館大学情報理工学部／日本語教育センター准教授。
2002年より日本語教育に従事する。日本語学校に勤務するも閉校となり、心機一転海外
へ。国際交流基金AAJ派遣専門家としてマレーシアへ派遣され、そのときに自らの読解
教育に疑問を抱く。帰国後、佐賀大学に勤務している際に多読と出会い本格的に実践
を始める。2023年より現職。専門は日本語教育学、第二言語習得。特に多読、多聴によ
る日本語能力の育成、読解能力とワーキングメモリの関係に興味がある。著書に『どん
どん読める！ 日本語ショートストーリーズ』シリーズ（翻案・アルク）、『日本留学試
験（EJU）模試と解説 読解・記述』（アスク出版）、『「読む」からはじめる日本語会話
ワークブック』（共著・アルク）がある。ウェブサイト「たどくのひろば（https://tadoku.
info)」管理人。

日本語教師におくる 多読授業 実践のススメ

2024 年 11 月 15 日　初版第 1 刷　発行

著　者　吉川 達

発行者　佐藤丈夫

発行所　株式会社国書刊行会

〒 174-0056　東京都板橋区志村 1-13-15
電話　03-5970-7421　　ファックス　03-5970-7427
https://www.kokusho.co.jp

印　刷　モリモト印刷株式会社

製　本　株式会社村上製本所

装幀・イラスト・DTP　梅田綾子

乱丁本・落丁本はお取り替えいたします。
ISBN 978-4-336-07712-7